폭력의 기억,
사랑을 잃어버린 사람들

DIE REVOLTE DES KÖRPERS by Alice Miller
Copyright ⓒ Suhrkamp Verlag Frankfurt am Main 2004
Korean Translation Copyright ⓒ 2006 by Tin Drum Publishing Co.
All rights reserved.
The Korean language edition published is by arrangement with
Suhrkamp Verlag through MOMO Agency, Seoul.

이 책의 한국어판 저작권은 모모 에이전시를 통해
Suhrkamp Verlag사와 독점 계약한 도서출판 양철북에 있습니다.
저작권법에 의해 한국 내에서 보호를 받는 저작물이므로 무단 전재나 복제를 금합니다.

폭력의 기억,
사랑을 잃어버린 사람들

앨리스 밀러 지음 | 신홍민 옮김

양철북

감정은 사치가 아니라,
생존을 위한 복합적인 수단이다.
―안토니오 R. 다마지오(Antonio R. Damasio)

책을 시작하며

나는 내가 쓴 모든 책에서, 어린 시절에 받은 고통을 부정하는 문제를 핵심 주제로 다루었다. 그 책들은 각기 이 현상들 가운데 특정한 한 측면을 중점적으로 다루며, 한 분야를 골라내어 다른 분야보다 더 심도 있게 조명한다. 이를테면 나는 《태초에 교육이 있었다 *Am Anfang war Erziehung*》와 《넌 몰라도 돼 *Du sollst nicht merken*》에서는 이렇게 고통을 부정하는 이유와 그 결과에 대해서 규명했다. 그 다음에는 그것이 성인의 삶과 사회에(이를테면 《손대지 않은 열쇠 *Der gemiedene Schlüssel*》에서는 예술과 철학에, 《침묵의 벽 허물기 *Abbruch der Schweigemauer*》에서는 정치와 철학에) 어떤 결과를 초래했는지 제시했다. 이러한 측면들은 낱낱이 구별하여 완벽하게 떼어 놓을 수 있는 성질의 것이 아니기 때문에, 당연히 같은 이야기가 중첩되고 반복되기도 했다. 하지만 사려 깊은 독자들은 내가 개별적인 이런 측면들을 각기 다른 관계에 놓고 서로 다른 관점에서 관찰하고 있다는 사실을 눈치 채게 될 것이다.

나는 특정한 개념 몇 가지를 맥락에 상관없이 사용한다. 예를 들면 '무의식적'이라는 말은 오로지 억압당하고 인정받지 못하거나 분열된 내용(기억, 감정, 욕구)들을 표현하는 데만 사용한다. 내가 보기에 개인의 무의식은 자신의 과거, 다시 말하면 온전한 형태로 몸에 저장되어 있으면서도 의식에는 아주 조금밖에 제 모습을 드러내지 않는 과거와 다름없다. 나는 '진실'이라는 말도 절대 형이상학적인 의미로는 사용하지 않는다. 항상 각 개인의 구체적인 삶과 관련된 주관적인 의미로 사용한다. 나는 '그 남자의' 진실 내지는 '그 여자의' 진실, 곧 그 사람의 감정을 통해서 신호를 보내고 자신의 존재를 증언하는 과거에 대해 자주 이야기한다.

몸이 자기 안팎에서 일어나는 사건들에 대해 항상 의식적인 반응을 보이는 것은 아니다. 그러나 생명에 중요한 반응을 보일 때는 자주 있다. 나는 몸의 이런 반응을 '감정'이라고 부른다. 천둥번개가 치고 폭우가 쏟아질 때 밀려드는 공포, 배신당했을 때 느끼는 분노, 원하던 선물을 받았을 때 느끼는 기쁨이 그런 것이다. 그에 비해 감정을 의식적으로 인지한다는 뜻으로는 오히려 '느낌'이라는 말을 사용한다. 그런 의미에서 볼 때, 감정에 눈이 멀었다 함은 값비싼 대가

를 치르고 얻은, 대개는 (자기) 파괴적인 사치이다.[1]

나는 이 책에서 우리가 진실하고 절실한 감정을 부정할 때, 그것이 몸에 어떤 결과를 초래하는지를 중점적으로 다루려고 한다. 도덕과 종교마저도 우리에게 감정을 부정하라고 요구한다. 나는 한때 심리요법을 받았고, 많은 사람들에게 직접 심리요법을 실시하기도 했는데, 이를 바탕으로 다음과 같은 결론에 도달하게 되었다. 어린 시절에 학대를 당한 사람들은 자신의 진실한 감정을 강력하게 억압하여 분리하고 난 이후에야 비로소, '네 번째 계명'[2]에 따르기 위해 노력할 수 있다는 것이다. 그런 사람들은 자기 부모를 존경하거나 사랑하지 못한다. 무의식적으로 늘 부모를 두려워하기 때문이다. 그들은 아무리 원해도 부모와 경직되지 않은, 신뢰 넘치는 관계를 쌓을 수가 없다.

---

[1] 앨리스 밀러, 《사랑의 매는 없다 *Evas Erwachen*》, 양철북, 2005. 참고.
[2] "네 부모를 공경하라."이다. 가톨릭과 신교의 루터교에서는 네 번째 계명이지만, 다른 신교에서는 다섯 번째 계명으로 삼는다.—옮긴이.

일반적으로 보면, 불안과 의무감으로 이루어진 병적인 애착이 더 흔하다. 이는 진실한 사랑이라고 할 수 없는 겉모습, 곧 허상에 지나지 않는다. 게다가 어린 시절에 학대를 당한 사람들 가운데는, 한 번도 받아본 적 없는 사랑을 한없이 받고 싶어하는 희망을 평생 품고 사는 사람들이 많다. 그리고 이러한 기대 때문에 부모에 대한 그들의 애착이 강화된다. 그런데 종교는 이를 '사랑'이라 일컫고 미덕으로 칭송하고 있다. 안타깝게도 대부분의 심리요법도 이와 마찬가지다. 전통적인 도덕의 지배에서 벗어나지 못하기 때문이다. 그리고 이러한 도덕을 대신하여 그 대가를 치르는 것이 바로 몸이다.

 자기는 느껴야 할 것을 느끼고 있고, 느껴서는 안 된다고 스스로 금지한 것을 느끼지 않기 위해 항상 노력하고 있다고 믿는 사람들이 있다. 안타깝게도 이들은 결국 병에 걸리고 말 것이다. 은폐된 감정을 투사하는 대상으로 자기 자녀를 이용하여, 그들로 하여금 그 대가를 치르게 하지 않을 경우에는 말이다. 나는 여기서 오랜 세월 동안 종교적이고 도덕적인 요구들에 밀려 가려져 있던 심리생물학적(psychobiologisch) 법칙성을 만날 수 있다고 생각한다.

제1부에서는 저명한 인물 몇 사람의 전기를 통해 이 법칙성을 보여주려고 한다. 또한 제2부와 제3부에서는 자기기만의 악순환에서 벗어나고, 몸을 질병의 고통에서 자유롭게 해줄 수 있는 진실한 의사소통의 길을 제시하고자 한다.

차례

책을 시작하며 _ 7

프롤로그 · 폭력과 체벌 앞에 무력했던 어린 시절 _ 15

제1부 진실을 외면한 사람들 _ 39

1장 두려움과 존경의 의무가 낳은 결과 _ 41
　도스토예프스키, 체호프, 카프카, 니체

2장 자유를 위한 투쟁 _ 47
　프리드리히 쉴러

3장 기억에 대한 배반 _ 53
　버지니아 울프

4장 자기증오와 채워지지 못한 사랑 _ 57
　아르튀르 랭보

5장 전통에 억압된 감수성 _ 63
　미시마 유키오

6장 모성애에 질식된 아이 _ 67
　마르셀 프루스트

7장 감정에 대한 저항 _ 78
　제임스 조이스

제2부 몸의 메시지 _ 85

1장 아동학대를 가벼이 여기는 사람들 _ 98

2장 감정의 회전목마 _ 108

3장 몸은 진실의 보호자이다 _ 130

4장 말해도 될까요? _ 137

5장 억압당한 진실의 실체 _ 145

6장 마약-몸의 기만 _ 150

7장 진실과 대면할 권리 _ 161

제3부 거식증-진실한 의사소통에 대한 동경 _ 181

아니타 핑크의 일기 _ 191

에필로그 • 참된 자아와 생명에 이르는 길 _ 223

참고문헌 _ 228

프롤로그

폭력과 체벌 앞에 무력했던 어린 시절

 생명을 유지하는 데 필요한 기능들이 지속적으로 무시당할 경우, 몸은 흔히 병을 통해 이에 대응한다. 과거를 있는 그대로 신뢰하는 것도 생명을 유지하는 기능에 속한다. 몸에 기록되어 있기 때문에 우리가 느끼며 알고 있는 것과, 우리가 아주 어린 시절부터 마음으로 받아들인 도덕적인 규범에 따르기 위해 느끼고 싶어하는 것 사이에는 갈등이 있다. 이 책에서는 특히 그 점을 중점적으로 다루고자 한다. 다른 무엇보다도 매우 확고하고 공인된 규범인 '네 번째 계명'이, 우리가 진실한 감정을 인정하지 못하도록 자주 훼방을 놓는다는 사실도 규명할 것이다. 또 몸은 병으로 타협의 대가를 치른다는 사실도 드러날 것이다. 이 주제를 다루기 위해 나는 많은 사례를 동원하겠지만, 삶 전체를 다루는 것이 아니라 과거에 어린이를 학대했던 부모에 대해 한정지어 이야기를 전개할 것이다.
 나는 경험을 통해 내 몸이야말로 생명에 중요한 모든 정보, 곧 더 많은 자율과 자의식에 이르는 길로 나를 인도한 모든 정보의 원천이라는 사실을 습득했다. 또한 그토록 오랜 세월 동안 몸에 갇혀 있던 감정들을 인정하고 느낄 수 있게 되자 비로소 내 과거에서 점점 더 자유로워질 수 있었다. 진실한 감정은 억지로 어떻게 할 수가 없다. 감춰져 있기 때문에 우리가 그 존재를 모르고 지낼 때가 아주 많긴 하지만, 진실한 감정은 제자리에 있고, 또 늘 어떤 이유를 가지고 있다.

몸이 자기가 잘 알고 있는 이유를 앞세워 거절하는데도 내가 억지로 부모를 사랑하거나 존경할 수는 없다. 그런데도 굳이 '네 번째 계명'을 따르려고 하면 난 스트레스를 받는다. 내게는 역부족인 일을 요구받을 때마다 늘 스트레스를 받듯이 말이다. 거의 일생 동안 나는 이 스트레스로 고통을 겪었다.

나는 내가 받아들였던 도덕, 곧 가치체계에 부응하기 위해 애써 좋은 감정을 가지려 했고, 나쁜 감정은 무시하려고 노력했다. 처음부터 사랑받는 딸이 되려고 했기 때문이었다. 하지만 일은 내 뜻대로 되지 않았다. 마침내 나는 사랑이 없는데 사랑을 강요할 수는 없다는 것을 깨닫게 되었고, 사랑의 감정이란 자연적으로 생긴다는 것을 인식하게 되었다.

예를 들어, 강요당하지 않거나 도덕적인 요구에 부응하기 위해 애쓰지 않을 때, 나는 내 아이들이나 친구들에게 저절로 사랑의 감정이 생긴다. 다시 말하면 나 자신이 자유롭다고 느끼고, 부정적인 감정을 포함한 모든 감정을 자유롭게 느낄 수 있을 때에만 사랑의 감정이 일어나는 것이다.

나의 감정을 조작할 수 없다는 것, 곧 다른 사람과 나를 속일 수도, 또 속일 마음도 없다는 것을 깨달았을 때, 나는 커다란 안도감과 해방감을 느꼈다. 그런 다음에야 비로소, 참으로 많은 사람들이, 내가 과거에 그랬던 것처럼, '네 번째 계명'에 따르기 위해 애쓰는 가운데 파멸의 길로 치닫고 있다는 생각이 떠올랐다. 그로 인해 자기 몸은 물론 자기 아이들이 어떤 대가를 치르고 있는지도 모른 채 말이다. 그 대가를 치르는 데 아이들이 자기를 이용하도록 허락하는 한, 어른들은 아마 자신의 진실을 깨닫지도 못하고, 자기기만이라는 병에 걸릴 필요도 없이, 백 살까지라도 살 수 있을 것이다.

어린 시절에 사랑을 받아본 경험이 없어 아무리 애를 써도 자기 아이를 사랑할 수 없다는 것을 인정할 수밖에 없는 어머니일지라도, 혹 사랑받지 못한 과거를 낱낱이 밝히려고 할 때는, 부도덕한 사람이라고 비난받을 각오를 해야 할 것이다. 하지만 나는 도덕의 요구와는 관계없이 자신의 진실한 감정을 인정해야만, 자기 자신과 자녀에게 진실로 도움이 될 수 있고, 자기기만의 사슬을 끊을 수 있다고 생각한다.

아이는 부모에게 사랑받아야 한다. 다시 말하면 부모에게 애정, 관심, 보호, 친절, 보살핌을 받아야 하고, 부모가 늘 자기와 의사소통할 준비가 되어 있다는 것을 몸으로 느낄 수 있어야 한다. 살아가는 데 필요한 이런 선물을 받은 몸에는 좋은 기억이 저장되어 있다. 사랑받고 자란 어른은 훗날 자녀에게 그와 똑같은 사랑을 베풀 수 있다. 하지만 이런 선물을 전혀 받지 못한다면, 삶에 없어서는 안 될 그 최초의 욕구를 충족하고 싶은 갈망이 '과거의' 그 아이를 평생 떠나지 않는다. 이 갈망은, 훗날 그 아이가 어른이 되었을 때 다른 사람에게 전가된다. 또한 사랑을 덜 받고, 또 교육이라는 핑계 아래 무시당하고 학대받은 아이일수록, 어른이 된 이후에 자기 부모나, 부모와 같은 존재에게 더 강하게 매달린다. 그리고 옛날 그 중요했던 시기에 부모에게 받지 못했던 모든 것을 그들에게 기대한다. 그것이 몸의 정상적인 반응이다. 몸은 자기에게 없는 것이 무엇인지 알고 있고, 그 결핍을 잊지 못한다. 텅 빈 구석이 있으면 그것이 채워지기를 기다리는 것이다.

그러나 나이가 들수록, 과거에 받지 못한 부모의 사랑을 다른 사람에게 받는다는 것은 더 어려워진다. 게다가 사람은 나이를 먹을수록 그 기대를 포기하는 것이 아니라 오히려 더 집착하게 된다. 그리고 그 기대를 오로지 다른 사람에게, 주로 자기 아이들과 손자들에게 전가한다. 이와 같은 메커니즘을 의식하고 (진실한 감정에 대한) 억압과 부정을 극복하여 우리가 지나온 어린 시절의 현실을 되도록 정확하게 인식하려고 노력하지 않는다면 말이다.

그러나 이런 노력을 기울인다면, 우리는 태어나면서부터, 또는 훨씬 그 이전부터 충족시키고자 했던 그 욕구를 채워줄 수 있는 사람을 자신 안에서 만들어낼 수 있다. 부모가 베풀어주지 않았던 관심과 존중, 감정에 대한 이해, 필요한 보호, 조건 없는 사랑을 스스로에게 베풀 수 있게 되는 것이다.

이렇게 되려면 과거에 바로 우리 자신이었던 그 아이를 사랑했던 경험이 있어야 한다. 그렇지 않으면 사랑이 어디에 있는지 알지 못한다. 이것을 심리요법에서 배우려면, 우리를 지금 모습 그대로 받아줄 수 있고, 보호하고, 존중하고, 가엽게 여기고, 또 동반자가 되어줄 수 있는 누군가가 필요하다. 다시 말하면 어떻게 해서 우리가 지금의 모습이 되어 있는지 이해할 수 있도록 도와주는 사람이 있어야 한다. 우리 안에 있는, 학대받던 옛날의 그 아이를 위해 부모의 역할을 수행하기 위해서는, 이와 같은 기본적인 경험이 전제되어야 한다.

우리에게 비난을 퍼붓는 교육자는 이런 경험을 전수해줄 수 없다. 어린 시절의 꿈에 대해 중립적인 태도를 지키고, 환자가 하는 이야기를 환상으로 해석해야 한다고 배운 정신분석의 또한 이런 경험을 전달하지 못한다. 우리에게는 이와 정반대의 태도를 지닌 사람이 필요하다. 즉 우리 편을 들어주는 동반자가 필요한 것이다. 영혼과 몸이 생명, 곧 수년 동안 계속 위험에 처해 있는 생명을 위해 투쟁할 때, 어린 아이는 혼자서 엄청난 고통을 당하고 괴로움을 겪을 수밖에 없다. 우리 감정이 그와 우리에게 그 사실을 조금씩 밝혀줄 때, 우리와 함께 그 공포와 분노를 나눌 수 있는 사람이 필요하다. 요컨대 내가 '전문가 증인(der Wissende Zeuge)'[3]이라고 부르는 그런 동반자가 필요하다. 이제부터 우리 안에 있는 어린 아이에게 도움을 주기 위해서, 예컨대 지금까지처럼 과거에 부모들이 했던 것과 똑같이 아이 몸의 언어와 욕구를 무시하는 것이 아니라, 그 언어를 이해하고 욕구를 채워주기 위해서는 반드시 그런 동반자가 있어야 한다.

내가 여기에 기술하는 내용은 매우 사실적인 것이다. 우리는 자기 편을 들어주는, 다시 말해 '중립적이지 않은' 훌륭한 동반자가 곁에

---

[3] 앨리스 밀러는 '전문가 증인'을 '간접 보호자'가 어린이에게 하는 것과 비슷한 역할을 어른에게 하는 사람이라는 의미로 사용한다(《사랑의 매는 없다》 참고). ─옮긴이.

있을 때 자신의 진실을 발견할 수 있게 된다. 이런 과정을 통해 질병을 극복하고 우울증에서 벗어나 삶의 기쁨을 만끽할 수 있게 된다. 더 이상 자신의 진실을 억압하는 데 에너지를 낭비할 필요가 없게 되는 그 순간부터, 탈진상태에서 벗어나 에너지를 증대할 수 있게 될 것이다. 절실한 감정들을 억압하면, 곧 몸의 기억들을 대수롭지 않게 여기고 무시하려고 들면, 그때마다 어김없이 우울증의 특징인 피로감이 밀려들 것이다.

삶이 앞에서 기술한 대로 긍정적인 방향으로 흘러가지 못하는 까닭은 어디에 있는가? 전문가들을 포함하여 대부분의 사람들이 몸이 이끄는 대로 자신을 맡기기보다 의약품에 훨씬 더 많이 의지하는 이유는 무엇인가? 몸은 우리가 무엇을 그리워하고 필요로 하는지, 무엇을 견디기 힘들어하는지, 무엇에 과민한 반응을 보이는지 정확하게 알고 있다. 그런데도 많은 사람들은 각종 약물이나 마약, 또는 알코올의 도움에 더 의지하려고 한다. 그런 것들에 의존하면 진실에 이르는 길이 점점 더 막히는데도 말이다. 도대체 왜 그러는 것일까? 진실을 깨닫게 되면 고통스럽기 때문일까? 그건 이론(異論)의 여지가 없는 사실이다. 하지만 이때 느끼는 고통은 일시적인 것이다. 또 훌륭한 동반자와 함께 있으면 능히 견뎌낼 수 있는 고통이다.

오히려 문제는 이러한 동반자가 없다는 데 있다. 사람들의 고통을 덜어주는 직업을 대표하는 거의 모든 사람들이, 과거에 학대받았던 아이들을 도와주고, 그들이 어린 시절에 입은 상처의 결과를 깨닫는 데 크게 장애를 겪고 있는 것처럼 보인다. 그것은 바로 우리의 도덕 때문이다. 그들은 '네 번째 계명'의 위력에 사로잡혀 있다. '잘 지내고 더 오래 살려면' 부모를 공경해야 한다고 가르치는 계명 말이다.

이 계명은 어린 시절에 입은 상처의 치료를 방해한다. 이는 명백한 사실이다. 사람들은 지금까지 한 번도 이 점을 깊이 생각해본 적이 없을 것이다. 그건 놀랄 일도 아니다. '네 번째 계명'의 영향과 위력은 엄청나다. 그것에 영양분을 공급하는 젖줄이 바로 부모에 대한 어린 아이의 애착이기 때문이다. 위대한 철학자와 작가들도 결코 이 계명을 비난할 엄두를 내지 못했다. 니체는 기독교 윤리를 날카롭게 비판했지만, 자기 가족을 향해 그 비판의 화살을 쏘지는 않았다. 어린 시절에 학대를 받은 어른의 몸속에는, 부모에게 반항하면 처벌받을 것이라는 어린 아이의 불안이 잠재해 있기 때문이다. 아이가 그것을 의식하지 못하는 한, 그 불안은 계속 몸속에 잠재해 있다. 그러나 일단 의식 속에서 그것을 경험하고 나면 불안은 점점 해소된다.

'네 번째 계명'은 어린 시절에 아이가 품었던 기대와 한 쌍을 이루고 있다. 대부분의 심리요법 전문가들이, 도움을 필요로 하는 사람들에게 자기들이 성장과정에서 이미 받았던 교육의 원칙을 해법으로 제시하는 이유는 바로 이 '네 번째 계명'의 도덕 때문이다. 그들은 과거에 자기들이 품었던 무수한 기대를 실마리로 삼아 자신의 부모에게 매달리면서 이를 사랑이라 부른다. 그리고 다른 사람에게도 이 사랑을 해결책으로 처방하려고 애쓴다. 그들은 용서를 치료에 이르는 길이라고 설교한다. 그걸 보면 아무래도 심리요법 전문가들은 그 길이 자기들이 빠져 있는 함정이라는 사실을 모르는 것 같다. 용

서가 치료를 낳은 적은 결코 없다.[4]

특이한 점은 우리가 수천 년 동안 한 계명을 지키며 살고 있고, 지금까지 누구도 그것에 대해 의문을 제기하지 않았다는 것이다. 업신여김 당하며 자란 아이가 부모에게 애착을 느낀다는 생리학적 사실이 그 계명을 뒷받침해주었기 때문이다. 지금도 우리는 부모의 명령에 의문을 제기해서는 안 되는 아이처럼 행동하지만, 의식 있는 성인으로서 의문을 표현할 수 있는 권리를 가지고 있다. 이것이 부모에게는 큰 충격이겠지만, 그래도 의문을 제기해야 한다.

자기 민족에게 하느님의 이름을 빌려 십계명을 부과했던 모세 자신이 바로 (부득이하긴 했지만, 그럼에도) 버림받은 아이였다. 쫓겨난 아이들이 대부분 그렇듯이, 그 또한 부모에 대한 이해와 존경심을 업적으로 내세워 언젠가는 부모의 사랑을 되찾게 되기를 희망했다. 모세의 부모가 아들을 버린 이유는 박해를 받지 않게 하기 위해서였다. 하지만 갈대 바구니 속에 든 젖먹이는 그런 속사정을 전혀 이해할 수가 없었다. 아마 모세가 어른이었다면 이렇게 말했을 것이다. "부모님이 날 버린 것은 날 감싸주려고 했기 때문이다. 그런 부모님을 나쁘게 생각할 수는 없다. 오히려 고마워해야 한다. 내 생명을 구해주셨으니까." 하지만 젖먹이 모세라면, '왜 부모님은 나를 내쫓았을까? 물에 빠져 죽을지도 모르는데, 왜 나를 버렸을까? 날 사랑하지 않았기 때문일까?' 하고 느꼈을 수 있다.

어린 모세는 뼛속 깊이 절망과 죽음에 대한 공포를 느꼈고, 이 감

---

[4] Alice Miller: *Abbruch der Schweigemauer*, Frankfurt a. M.: Suhrkamp 2003[Hamburg: Hoffmann und Campe 1990] 참고.

정은 그의 몸에 저장되어 계속 살아 있었다. 모세가 자기 민족에게 십계명을 내렸을 때, 그를 움직인 것은 바로 그 감정이었다. 얼핏 보면 '네 번째 계명'은 노인에 대한 생명보험쯤으로 보일 수도 있다. 그리고 오늘날은 아니지만, 당시에 이 생명보험은 부득이 이런 형식을 취할 수밖에 없었을 것이다. 그런데 좀 더 자세히 들여다보면, 거기에는 오늘날까지도 효력을 발휘하는 위협이나 협박이 담겨 있다. '네 번째 계명'은 말한다. "오래 살고 싶거든, 자격이 없더라도 네 부모를 공경해야 한다. 이에 따르지 않으면 너는 분명히 제 명에 죽지 못할 것이다."

이 계명은 혼란을 주고 불안감을 불러일으킨다. 그런데도 대부분의 사람들은 이에 매달리게 된다. 나는 어린 시절에 받은 상처와 그 결과를 진지하게 받아들여서, 이제 우리 스스로 '네 번째 계명'에서 벗어날 때가 되었다고 생각한다. 과거에 나를 가혹하게 대했다고 나이 든 부모에게 앙갚음해야 한다는 말이 아니다. 내 말은 이러한 삶의 전형에서 우리 자신과 아이들을 해방시키기 위해서는 부모를 알아야 한다는 것이다. 다시 말해 과거에 부모가 어떤 사람이었는지, 부모가 어린 아이인 우리를 어떻게 대했는지 알아야 한다는 것이다.

우리는 우리 마음속에서 파괴 작업을 계속하고 있는 내면화된 부모와 헤어져야 한다. 그래야 삶을 긍정하고 자신을 존중할 수 있다. 모세에게 그것을 배울 수는 없다. 그가 '네 번째 계명'을 앞세워 몸이 전하는 메시지를 소홀히 다루었기 때문이다. 몸의 메시지를 의식하지 못했던 모세에게는 달리 행동할 여지가 전혀 없었다. 이 계명이 우리에게 강제력을 가져서는 안 되는 이유는 바로 그 점에 있다.

내가 쓴 모든 책에서 나는 어린 시절에 '부정의 교육(die Schwarze Pädagogik)'[5]을 경험한 것이 훗날 삶에 어떤 영향을 미치는지를 각기 다른 방법으로, 또 다양한 인간관계를 통해 보여주려고 노력했다. 다시 말하면 그것이 어떻게 삶의 활력을 떨어뜨리는지, 또 우리가 본래 누구이고 어떤 감정을 갖고 있으며 무엇을 필요로 하는지 느끼려고 할 때, '부정의 교육'이 이를 어떻게 격렬하게 방해하거나, 아예 느끼지 못하게 하는지 보여주려 했다.

'부정의 교육'은 순응하는 인간을 길러낸다. 이런 인간이 믿을 수 있는 것이라고는 가면밖에 없다. 그가 어린 시절에 끊임없이 처벌을 두려워하며 살았기 때문이다. "널 위해서 교육하는 거야. 다 너 잘되라는 뜻에서 때리거나 꾸짖는 것이고." 이것이 최고의 원칙이었다.

헝가리 출신 작가로 노벨상을 수상한 임레 케르테스(Imre Kertész)는 자신의 소설 《운명 Roman eines Schicksalslosen》에서, 아우슈비츠 강제수용소에서 겪은 일에 대해 이야기한다. 당시 열다섯 살에 불과한 소년이었던 그는 이 소설에서, 자기가 수용소에 도착했을 때 겪었던 일을 매우 정확하게 기술하고 있다. 소년은 이해할 수 없고 잔혹하기 그지없는 온갖 사건을 긍정적이고 자기에게 유리한 것으로 해석하려고 무진장 애를 썼다. 그렇게 하지 않으면 극심한 공포 때문에 죽을 것 같았기 때문이다.

아마도 학대를 당한 아이들은 살아남기 위해 하나같이 그런 태도

---

[5] 앨리스 밀러는 '부정의 교육'을 어린이의 의지를 꺾고, 노골적이고 은밀하게 폭력을 휘두르며, 조종하고 협박하여 어린이를 고분고분하게 말 잘 듣는 하인으로 만드는 데 목표를 두는 교육이라는 의미로 사용한다(《사랑의 매는 없다》 참고).—옮긴이.

를 취할 수밖에 없을 것이다. 아이는 자기가 보고 느낀 사실을 실제와 다르게 해석한다. 곧 제3자가 보았으면 명백한 범죄라고 규정할 행동을 선행으로 해석하려고 애쓴다. '간접 보호자(der Helfende Zeuge)'[6]도 없이 가해자 앞에 통째로 내던져진 상황에서, 아이에게는 감정을 억압하는 것 이외에 다른 선택이 없다.

이 아이들이 훗날 성인이 되어 다행히 '전문가 증인'을 만나게 되면 선택의 여지가 생긴다. 진실을 받아들일 수 있게 되고, 더 이상 가해자를 동정하거나 이해하려고 하지 않게 된다. 또 가해자를 위해, 가해자가 느끼지 못하는 분열된 감정을 느끼려 하는 행동을 더 이상 하지 않게 된다. 부언하자면 가해자의 행동에 대해 명확하게 비판할 수 있게 되는 것이다. 이런 조치로 몸은 큰 짐을 벗을 수 있다. 이제 몸은 어른이 된 자기에게 어린 시절의 그 비극적인 과거를 위협하듯 상기시키지 않아도 된다. 그 성인이 자신의 모든 진실을 알고 싶어 할 때, 몸은 당장 그가 자기를 이해하고 존중하고 보호해준다고 느끼게 된다.

나는 폭력적인 방식의 '교육'을 학대로 간주한다. 인간으로서 품위를 유지하고 존중받아야 할 아이의 권리를 인정하지 않기 때문이다. 더 나아가 그것은 일종의 전체주의 체제를 구축한다. 그리고 그 속에서 아이가 모욕과 품위 상실, 학대를 알아차리기란 불가능하다. 하물며 그에 맞서 저항한다는 건 더 말할 나위도 없다. 그렇게 성인

---

[6] 앨리스 밀러는 '간접 보호자'를 학대받는 어린이를 편드는 사람, 일상적으로 겪는 난폭한 폭력이 상쇄될 수 있을 만큼 어린이에게 버팀목이 되어주는 사람이라는 의미로 사용한다(《사랑의 매는 없다》 참고).—옮긴이.

이 된 아이는, 그런 교육을 본보기로 삼아 대물림하고 배우자와 자기 자녀를 대하며, 직장과 정치판에서 이를 실천에 옮긴다. 요컨대 과거에 두려움에 떨던 그 아이의 불안을 외적인 권력의 도움을 받아 떨어낼 수 있는 곳이면 어디서든 그런 교육을 행한다. 그로 인해 인간을 경멸하는 자들과 독재자들이 생겨난다. 그들은 한 번도 존중받아본 적 없이 어린 시절을 보낸 뒤, 성인이 되어서는 거대한 권력의 힘에 기대어 사람들에게 그 존경을 강제로 얻어내려고 한다.

권력에 대한 굶주림과 인정받고자 하는 욕구는 절대로 사라지지도 충족될 수도 없다는 사실을 바로 정치에서 목격할 수 있다. 더 큰 권력을 차지할수록 그런 인간들은 결국에는 반복충동에 빠져 도망치고 싶었던 과거의 그 무력감을 되살리는 행동을 저지르고 싶은 욕구에 사로잡힌다. 벙커 속의 히틀러, 편집광적인 불안에 사로잡힌 스탈린, 정권 말기 국민에게 외면당한 마오쩌둥, 유배당한 나폴레옹, 감옥에 갇힌 밀로셰비치, 토굴 속에 숨은 거만한 허풍선이 사담 후세인이 바로 그런 인물들이다.

무엇이 이들로 하여금 자기가 쟁취한 권력을 남용하도록 충동질하여 끝내는 그 권력이 무력감으로 변질되게 만들었을까? 그것은 바로 그들이 어린 시절에 경험한 무력감을 속속들이 다 알고 있는 그들의 몸이었다. 실은 세포 속에 그 무력감을 저장해놓고 있던 몸이 그들의 마음을 움직여, 몸을 통해 자기가 알고 있는 사실에 대해 인정하게 하려 했던 것이다. 그런데 이 독재자들은 하나같이 어린 시절의 현실을 지나치게 두려워한 나머지, 온몸으로 진실을 느끼기보다는 차라리 국민 전체를 몰살하고 수백만의 사람을 죽음의 길로 몰

아넣는 것을 선택하고 말았다.

독재자들의 전기를 연구하면 여러 문제를 규명할 수 있겠지만, 이 책에서는 그들이 저지른 행동의 동기에 대해 더 이상 언급하지 않을 것이다. 그 대신 '부정의 교육'을 받고 성장했으면서도 무한한 권력을 획득하고 싶은 욕구를 느끼지는 않았던 사람들에 대해 집중적으로 조명할 것이다. 독재자들과 달리 그들은 '부정의 교육'을 통해 억압당한 분노와 반항심을 다른 사람을 향해 퍼부은 것이 아니라, 자신에게 파괴적인 행동을 했다. 그들은 병에 걸려 다양한 증세로 고통받거나 아주 일찍 세상을 떠났다. 이들 가운데 재능이 뛰어난 사람들은 문필가나 예술가가 되었는데, 그들은 문학과 예술을 통해 진실을 보여줄 수 있었지만, 그것은 자기 자신의 삶과 분열된 진실이었다. 그리고 그들은 결국 질병으로 이 분열의 대가를 치렀다. 제1부에서는 그렇게 비극적인 삶을 살았던 사람들에 대해 이야기하려 한다.

샌디에이고에 있는 한 연구팀이, 평균 연령이 57세인 17,000명의 사람들에게 설문조사를 한 적이 있다. 어린 시절을 어떻게 보냈으며 질병 기록은 어떻게 되는지 묻는 조사였다. 조사 결과, 어린 시절에 학대를 받은 사람이 학대나 교육적 폭력을 경험하지 않고 자란 사람보다 중병에 걸린 비율이 몇 배나 더 높았다는 것이 밝혀졌다. 학대를 당하지 않았던 사람은 나이가 든 다음에 병에 대해 하소연하지 않았다. 짤막한 이 연구논문의 제목은 〈금으로 납 만들기 *Wie man aus Gold Blei macht*〉인데, 저자는 내게 논문을 보내주면서, 조사 결과가 명확하며 많은 것을 암시해주고 있지만 결국 은폐되었다고 언급했다.

왜 은폐되었을까? 결과가 공개되면 부모에게 비난이 쏟아질 것이 불 보듯 뻔했기 때문이다. 이는 우리 사회에서 지금까지 금기사항이었고 오늘날에는 더욱더 금기시되고 있다. 그 이유는 성인의 정신적인 고통은 어린 시절에 입은 구체적인 상처와 부모의 양육 실패가 아니라, 유전자에 기인한다는 견해가 그동안 더 강력하게 전문가들의 옹호를 받게 되었기 때문이다. 정신분열증 환자들의 어린 시절에 관한 1970년대의 연구들도 전문잡지에만 발표되었을 뿐, 일반 대중에게는 널리 알려지지 못했다. 근본주의가 옹호하는 유전자에 대한 신앙이 여전히 폭넓은 지지를 얻고 있다고 할 수 있다.

영국에서 많은 주목을 받고 있는 임상심리학자인 올리버 제임스 (Oliver James)는 《*They F*** You Up*》이라는 저서에서 정신질병과 유전자의 관계에 대해 다루었다. 그런데 전체적으로 볼 때, 그의 연구는 앞뒤가 맞지 않는 듯한 인상을 풍긴다. 자기가 인식한 사실의 결과에 놀란 저자가 꽁무니를 빼면서, 아이들의 고통에 대한 책임을 부모에게 전가하는 데 대해 엄중하게 경고하고 있기 때문이다. 그럼에도 이 책은 수많은 연구 결과와 조사들을 토대로, 정신적 질병의 진행과정에서 유전적인 요소들은 지극히 사소한 역할밖에 하지 못한다는 사실을 논리정연하게 입증하고 있다.

오늘날 많은 심리요법에서도 어린 시절이라는 문제를 주도면밀하게 회피하고 있다.[7] 처음에 환자들은 절실한 감정을 표현하라는 격

---

[7] 《사랑의 매는 없다》 참고.

려를 받는다. 그런데 그 감정이 살아나면, 일반적으로 어린 시절에 억눌렸던 기억들이 떠오르게 된다. 다시 말해, 아주 어린 시절에 겪었던 학대, 착취, 모욕, 상처들에 대한 기억, 치료 전문가조차도 감당하기 힘들 때가 많은 기억들이 되살아나는 것이다. 이러한 과정을 직접 겪어보지 못한 치료 전문가로서는 이 모든 것을 다 감당할 수가 없다. 또한 이런 과정을 경험한 치료 전문가를 만나는 경우도 매우 드물다. 그들 대부분이 환자에게 '부정의 교육', 곧 과거에 그들을 병들게 했던 도덕을 제안하는 이유는 바로 그 때문이다.

몸은 이런 도덕을 전혀 이해하지 못하며, '네 번째 계명'과는 아무 일도 함께하지 못한다. 몸은 오성(悟性)과 달리 말에 속지 않는다. 몸은 '진실의 보호자'이다. 몸은 우리 삶 전체의 경험을 짊어지고, 우리가 유기체의 진실과 함께 살 수 있도록 보살펴준다. 우리 안에 살아 있는, 학대받고 모욕당하던 옛날의 그 아이와 조화롭게 의사소통할 수 있도록, 몸은 증세의 힘을 빌려 우리에게 진리를 인지하여 받아들이라고 강요한다.

나 또한 태어난 지 몇 달 되지 않았을 때 벌써 벌을 받고 복종했던 경험이 있다. 물론 나는 수십 년 동안 그 사실을 모르고 살았다. 어머니 말에 따르면, 어린 아이였을 때 나는 워낙 얌전해서 키우는 데 전혀 힘이 들지 않았다고 한다. 그리고 그렇게 된 것은 무력하기 짝이 없는 젖먹이 시절에 나를 철저하게 교육한 덕택이었다고 한다. 어머니가 자기 입으로 한 말이다. 그렇게 오랜 세월 동안 내게 어린 시절에 대한 기억이 없었던 것은 바로 그 때문이었다.

마지막 심리요법을 받을 때, 비로소 절실한 감정들이 나에게 그 사실에 대해 알려주었다. 그 감정들은 다른 사람과 관련되어 떠오른 것이었다. 하지만 나는 점차 그 진원지를 찾아내어 내가 이해할 수 있는 감정으로 흡수했고, 아주 어린 시절의 내 과거를 재구성할 수 있게 되었다. 이러한 방식으로 나는 그때까지 이해할 수 없었던 오래된 불안을 떨어냈고, 감정이입 능력이 있는 동반자 덕분에 오래된 상처도 아물 수 있었다.

내 불안은 우선 의사소통을 바라는 나의 욕구와 관계가 있었다. 어머니는 나의 대화 욕구를 채워주지 못했다. 심지어는 엄격한 교육 방침을 내세워 내 요구를 버릇없는 행동으로 낙인찍고 벌을 주었다. 어머니와 접촉을 갖고 대화를 나누고 싶었기 때문에, 처음에 나는 울음을 터뜨렸다. 그 다음에는 질문을 던졌고, 그 뒤에는 내 감정과 생각을 전달했다. 그런데 어머니는 내 울음에는 손바닥을 때리는 걸로, 질문에는 거짓투성이 대답으로 반응했다. 감정과 생각은 아예 표현하지 못하게 했다. 어머니가 하루 종일 입을 닫고 있을 때는 위험이 가까이 다가왔다는 뜻이었다. 어머니는 나의 참된 실존을 결코 원하지 않았다. 그래서 어머니 앞에서는 나의 진실한 감정을 철저하게 감추어야 했다.

우리 어머니는 분노를 폭력적으로 터뜨리는 데는 능했지만, 성찰하며 감정의 원인을 캐묻는 능력은 전혀 없었다. 어린 시절부터 욕구불만에 싸여 불만스럽게 살아왔던 탓에, 어머니는 무슨 일이든 항상 트집거리를 만들어 내게 책임을 덮어씌웠다. 나는 이러한 부당한 처사에 대해 반항하거나, 극단적인 경우에는 내게 아무 잘못이 없다는 것을 증명하려 들었다. 그때마다 어머니는 나의 태도를 자신에 대한 공격으로 받아들여 가혹한 벌을 주곤 했다.

어머니는 감정과 사실을 혼동했다. 나의 설명을 통해 비난받았다고 느끼면, 어머니는 내가 자기를 공격한 것으로 받아들였고, 그건 확고부동한 사실이 되었다. 내 행동이 아니라 다른 원인 때문에 그런 감정을 느낀다는 것을 이해하려면 어머니에게 성찰력이 필요했을지도 모른다. 하지만 나는 어머니가 어떤 일에 대해 유감을 표명한 것을 한 번도 본 적이 없다. 어머니는 늘 자기가 옳다고 느꼈다. 그것이 어린 시절에 내가 경험한 '전체주의 체제'였다.

나는 이 책에서 '네 번째 계명'의 파괴적인 힘을 주제로 삼아, 이를 세 부분으로 나누어 설명하려고 한다. 제1부에서는 작품 속에 무의식적으로 어린 시절의 진실을 그려 넣은 작가들의 다양한 삶에 관한 삽화를 보여줄 것이다. 그들은 의식 속에서 그 진실을 인정하는 것을 용인하지 않았는데, 이는 분열된 상태로 자기 안에 버티고 있는 어린 아이의 불안 때문이었다. 다시 말하면, 어른이 되어서도 진실 때문에 죽임을 당하지는 않는다는 사실을 믿지 못하는 어린 아이의 불안 때문이었다. 부모를 보호해야 한다는 계명이 우리 사회뿐만 아니라, 전 세계에 걸쳐서 이러한 불안을 조장하고 있다. 그런 까닭에 불안은 분열상태에서 벗어나지 못하며, 극복될 가능성도 없다.

이렇게 문제를 잘못 해결한 대가, 곧 어머니와 아버지를 이상화하여 사태의 본질을 회피한 대가, 몸속에 근거 있는 불안감을 남겨 놓은 이른 어린 시절의 실제 위험을 부인한 대가는 매우 컸다. 앞으로 열거할 사례들을 통해 이를 확인하게 될 것이다. 안타까운 일이지만, 그 사례에 수없이 많은 다른 사례들을 덧붙일 수도 있었을 것이다. 아무튼 작가들의 사례를 통해 그들이 중병이나 때 이른 죽음, 또는 자살로 부모에 대한 애착의 대가를 치렀다는 사실이 확연히 드러날 것이다.

그들은 어린 시절에 고통을 겪었다는 사실을 숨기려 했지만, 몸은 알고 있었다. 또한 글을 통해 표현되기는 했지만, 그 사실은 여전히 그들의 무의식 속에 잠겨 있었다. 그러므로 몸은 옛날 멸시받던 그 아이가 여전히 이해받지 못하고 존중받지 못한다고 느꼈다. 윤리적인 계명으로는 몸을 움직일 수 없다. 호흡, 혈액순환, 소화와 같은 몸의 여러 기능들은 '경험된 감정'에 대해서만 반응할 뿐, 도덕적인 지시에는 반응을 보이지 않는다. 몸은 오로지 사실에 따라 행동한다.

어린 시절이 그 이후의 삶에 미치는 영향을 다루게 된 이후로, 나는 유난히 관심이 가는 작가들의 일기와 편지들을 많이 읽었다. 그때마다 그들의 발언 속에서 항상 작품과 어린 시절에 시작된 그들의 동경과 고통을 이해하는 열쇠를 찾아냈다. 그들의 의식과 감정은 어린 시절의 비극과는 멀리 떨어져 있었지만, 그들이 쓴 작품 속에서 나는 이 비극을 느낄 수 있었다. 예를 들면 도스토예프스키, 니체, 랭보가 그랬다. 그리고 이는 다른 독자들도 나와 같이 느꼈을 것이라고 생각한다.

나는 전기에 주의를 기울였는데, 전기에는 해당 작가의 삶과 외적인 사실에 대해 세세하게 기록되어 있다. 그러나 그가 어린 시절에 입은 정신적 외상들을 어떻게 극복했는지, 그것이 어떤 작용을 했고 어떤 영향을 끼쳤는지에 대해서는 거의 한마디도 찾을 수 없었다. 문예학자들과 얘기를 나눠보았지만 이런 주제에 대해서는 거의, 아니면 전혀 관심을 보이지 않았다. 게다가 질문을 받은 문예학자들 대부분은 노골적으로 불안한 반응을 보였다. 그들은 마치 내가 자기들에게 점잖지 못한, 외설에 가까운 짓거리를 하려고 든다는 듯 나를 피했다.

하지만 모든 문예학자가 다 그러지는 않았다. 어떤 사람은 내가 제안한 견해에 관심을 보이며, 오래전부터 알고는 있었으나 중요하게 여기지 않았던 귀중한 전기 자료들을 내게 건네주었다. 제1부에서는 대부분의 전기 작가들이 간과했거나 아예 무시했던 바로 이러한 사실들을 주로 다루었다. 그 결과 부득이 하나의 관점에만 한정해 서술했고, 그에 못지않게 중요한 삶의 다른 측면들에 대해서는 서술을 포기할 수밖에 없었다. 그로 인해 이 책이 일방적이고 단순하다는 인상을 받을 수도 있다. 하지만 나는 이와 같은 비난을 감수하기로 했다. 수많은 개별 사실들을 나열하여 독자들의 관심을 이 책의 주제인 '몸과 도덕'이 아닌 다른 곳으로 돌리고 싶지 않았기 때문이다.

혹시 카프카는 예외일지 모르겠지만, 여기 언급된 대부분의 작가들은 어린 시절에 부모로부터 심한 고통을 받았다는 사실을 모르고 있었다. 또한 성인이 되어서도 부모를 전혀 원망하지 않았다. 적어도 의식적으로는 그랬다. 그들은 부모를 철저하게 이상화했는데, 다 자란 아이였던 그들은 진실을 알 수가 없었다. 그것을 의식에서 추방했기 때문이다. 그런데도 부모를 그 진실과 마주보게 할 수 있다고 가정하는 것은 그야말로 비현실적인 얘기인지도 모른다.

이러한 무지가 바로, 대부분 짧은 생을 살다 간 그들의 비극적인 삶을 이루고 있다. 비범한 재능의 소유자들이었던 그들은 삶에서 '도덕의 방해' 때문에 현실, 곧 '몸의 진실'을 깨닫지 못했다. 쉴러는 자유를 위해 싸웠고, 랭보나 미시마 유키오는 겉으로 보기에 일체의 도덕적 금기사항을 깨부쉈으며, 조이스는 시대의 문학적·미학적 규범을 전복했다. 또한 프루스트는 부르주아의 삶을 벗어나지 못한 자기 어머니에게서 받은 고통을 통찰하지는 못했어도, 부르주아의 삶을 꿰뚫어보았다. 그럼에도 그들은 자신들의 삶을 부모를 위해 희생했다는 사실을 알 수가 없었다. 그리고 나는 바로 이러한 측면을 집중적으로 조명했다. 내가 알기로는 '몸과 도덕'이라는 관점에서 이 측면을 다룬 글이 어디에서도 발표된 적이 없었기 때문이다.

나는 이전에 쓴 글에서 밝혔던 여러 가지 생각들을 이 책에서 다시 언급할 것이다. 여기서 기술한 새로운 관점을 통해 다시 한 번 조명해보고, 지금까지 해결되지 않고 있는 문제들에 대해 생각해보기 위해서다. 빌헬름 라이히(Wilhelm Reich)[8] 이후로 심리요법을 통해 거듭 확인된 사실은, 절실한 감정들을 불러낼 수가 있다는 것이다. 하지만 이 현상은 요즘에 와서야 비로소 좀 더 철저하게 해명되고 있다. 이는 조지프 르두(Joseph LeDoux), 안토니오 R. 다마지오, 브루스 D. 페리(Bruce D. Perry) 그리고 다른 수많은 사람들의 연구 덕분이다. 오늘날 우리는 몸이 우리가 경험한 바를 완벽하게 기억한

---

[8] 폴란드 태생 정신분석가. 빈에서 프로이트의 촉망받는 제자로 정신분석에 입문했으나, 훗날 프로이트 학파에서 추방당한다.—옮긴이.

다는 것을 알고 있다. 더 나아가 감정에 대한 심리요법의 노력 덕분에 우리가 감정을 자녀들에게 맹목적으로 발산하거나 자신에게 해롭게 분출할 수밖에 없는 운명을 타고난 게 아니라는 것도 알고 있다.

그래서 제2부에서는 어린 시절의 진실과 대면하여 부모의 진면목을 확인할 마음의 준비를 단단히 갖춘 사람들에 대해 이야기하려고 한다. 도덕의 영향 아래 심리요법이 진행될 때가 자주 있는데, 그럴 경우 환자는 성인이면서도 부모에게 사랑과 감사의 의무를 지고 있다는 강박관념에서 벗어날 수가 없다. 성공할 수 있는 심리요법이 그 때문에 실패로 돌아가는 안타까운 일이 빈번하게 일어나고 있다. 그 결과 몸속에 저장된 신빙성 있는 감정들이 배출되지 못하고 계속 막혀 있게 되며 심각한 증세들도 지속된다. 이것이 바로 환자들이 치러야 할 대가인 것이다. 나는 심리요법을 여러 번 받아본 사람들은 자기가 이런 문제에 빠져 있다는 것을 쉽게 깨닫게 될 것이라는 전제에서 출발한다.

몸과 도덕의 관계를 생각하던 중에 나는 예기치 않게 두 가지 관점에 주목하게 되었다. 용서의 문제를 제외하면 내게는 새로운 시각이었다. 먼저 나는 성인이 되어서도 사람들이 여전히 부모에 대한 사랑이라고 일컫는 그 감정은 도대체 어떤 것인지 알아보고 싶었다. 또한 몸은 어린 시절에 그토록 간절하게 원했지만 한 번도 받아보지 못한 자양분을 평생 찾아다닌다는 주장에 대해서도 살펴보았다. 나는 이것이 바로 많은 사람들이 겪고 있는 고통의 원천이라고 생각한다.

제3부에서는 매우 독특한 방법으로 '자기 존재에 대해 이야기하는

병'을 실마리로 삼아, 유해한 영양분에 대해 몸이 저항하는 방법에 대해 논의하려고 한다. 진실만이 몸의 고통을 해결할 수 있다. 진실이 인정받지 못하면, 곧 부모에 대한 진실한 감정이 무시당하면 몸은 계속 증세를 드러낸다.

나는 음식섭취장애 환자들의 비극에 대해 몇 마디로 간단하게 제시하려고 했다. 그들은 감정의 교류를 경험하지 못하고 성장했기 때문에 성인이 되어 진료를 받으면서도 그것을 그리워한다는 사실을 말이다. 이런 지적이 음식섭취장애 환자가 자기 자신을 더 많이 이해하는 데 도움이 된다면 내겐 기분 좋은 일이 될 것이다. 허구로 꾸민 〈아니타 핑크의 일기〉에서는 거식증 환자의 생활에서 특징적으로 목격할 수 있는 절망감의 근원에 대해 분명하게 언급할 것이다. 미리 얘기하자면, 그 원인은 과거에 부모와 진정한 의사소통을 이루지 못했고 노력조차 번번이 헛된 시도로 끝나버린 데 있었다. 지금 다른 사람들과 믿음이 실린 대화를 나눌 수 있다면, 당장이라도 이러한 노력을 시작해보는 것이 좋다. 차츰차츰 대화의 문을 열어갈 수 있을 것이다.

어린 아이를 희생시키는 전통은 대부분의 문화와 종교에 깊이 뿌리를 내리고 있다. 그만큼 서양문화에서도 이를 새삼스러울 것 없는 당연한 일로 인정하며 받아들이고 있다. 우리는 우리 자녀를, 아브라함이 이삭을 하느님의 제단 위에 바치듯이, 제물로 바치지는 않는다. 그러나 아이들이 태어나는 순간부터, 그리고 그 이후의 전 교육 과정 동안 과제를 준다. 곧 우리를 사랑하고 존경하며 존중하고, 우리를 위해 출세하여 명예욕을 채워달라는, 요컨대 우리 부모가 우리에게 베풀지 않았던 모든 것을 바치라는 과제를 안긴다.

우리는 이것을 예의범절과 도덕이라고 일컫는다. 아이에게는 거의 선택의 여지가 없다. 경우에 따라서 아이는 자기 능력 밖에 있고, 부모에게 받아본 적이 없어 알지도 못하는 그 어떤 것을 부모에게 바치기 위해 평생 동안 억지로 노력할 것이다. 부족한 부분을 채우는 데서만 그치지 않는 순수하고 조건 없는 사랑을 주기 위해서 말이다.

받지 못했으면서도 아이가 부모에게 그런 사랑을 주려고 노력하는 이유는, 성인이 되어서도 여전히 부모가 필요하다고 생각하기 때문이다. 또한 이제껏 실망했으면서도 늘 부모에게서 무슨 좋은 것을 받게 될 것이라는 희망을 품고 있어서다. 이런 노력을 중단하지 않으면, 성인에게도 재앙이 닥칠 수 있다. 결국 그 노력의 결과는 허상, 강제, 겉치레, 자기기만이 될 것이다.

많은 부모들이 자녀에게 사랑받고 존경받기를 간절히 바란다. 이 때 그들이 이른바 명분으로 내세우는 것이 바로 '네 번째 계명'이다. 이 주제를 다룬 텔레비전 프로그램을 우연히 본 적이 있는데, 여러 종교를 대표하여 초대받은 성직자들은 한결같이, 부모를 공경해야 하고 과거에 부모가 한 행동을 문제 삼아서는 절대 안 된다고 했다. 이는 어린이들을 계속 예속상태에 머물게 하라고 장려하는 것밖에 되지 않는다. 게다가 신도들은 성인이 된 자신들이 이런 상황에서 쉽게 벗어날 수 있다는 사실을 모르고 있다. 오늘날의 지식에 비춰 볼 때, '네 번째 계명'에는 모순이 담겨 있다.

도덕은 우리에게 무엇을 하고, 무엇을 하지 말라고 지시할 수는 있지만, 어떻게 느끼라고 지시할 수는 없다. 우리는 순수한 느낌들을 지어낼 수 없다. 제거할 수도 없다. 오로지 그것들을 분리하고, 자신을 기만하고, 몸을 속일 수만 있을 뿐이다. 그런데 앞에서 말했듯이, 우리 두뇌가 감정을 저장하면, 우리는 그것을 불러내어 느낄 수가 있다. 또 다행히 '전문가 증인'을 만날 경우, 그 느낌들을 안전하게 의식적인 감정으로 변화시켜, 그 의미와 원인을 파악할 수도 있다.

반항하고 실망하는 나를 하느님이 벌주지 않고, 모든 것을 용서하는 사랑으로 내게 보답을 내려주게 하려면, 반드시 하느님을 사랑해야 한다는 것은 특이한 발상이다. 또한 이것은 어린이가 처해 있는 예속상태와 곤궁한 상황에 대한 표현이자, 하느님도 우리 부모와 마찬가지로 사랑에 굶주리고 지쳐 있다는 가정에 대한 표현이기도 하다.

하지만 근본적으로 보면 이것이야말로 참으로 기괴한 발상이 아닐 수 없다. 저 높은 곳에 있는 존재가 도덕이 명하는 인위적인 느낌에 의지하는 처지가 되었다는 뜻인데, 이는 그 옛날 좌절감에 빠져 자기 부모에게 얽매여 살던 우리 부모의 궁색한 처지를 실감나게 상기시켜준다. 부모와 자기가 처해 있는 예속상태에 대해 한 번도 의문을 제기해본 적 없는 사람들만이 이런 존재를 하느님이라고 부를 수 있을 것이다.

제1부
진실을 외면한 사람들

어머니 눈 밖에 나서 발작이 멈추느니,
차라리 발작이 나더라도
어머니 마음에 드는 아들이 되고 싶어요.
—마르셀 프루스트, 《어머니에게 보낸 편지》

1
두려움과 존경의 의무가 낳은 결과
도스토예프스키, 체호프, 카프카, 니체

　나는 청소년기에 러시아 작가 체호프와 도스토예프스키의 작품을 읽고 많은 영향을 받았다. 그런데 이 두 작가를 조사해보니, 백여 년 전에도 분열의 메커니즘이 빈틈없이 작동했다는 사실이 명백하게 드러났다. 마침내 내가 부모에 대한 환상을 버리고, 부모의 학대가 내 삶에 남긴 영향을 분명하게 깨닫게 되었을 때, 과거에는 전혀 중요하게 여기지 않았던 사실들 속에서 의미를 간파해내는 눈이 뜨였다.

　예를 들어 나는 도스토예프스키의 전기에서, 처음에는 의사였던 그의 아버지가 나이 들어 백 명의 농노가 딸린 토지를 물려받았다는 사실을 알아냈다. 그런데 농노들을 어찌나 난폭하게 다루었던지, 그의 아버지는 어느 날 농노들 손에 살해당하고 말았다. 이 지주의 난폭함이 심해도 보통 심하지 않았던 것이 분명하다. 평소에도 가슴을 졸이며 사는 농노들이 그런 공포분위기 속에서 고통받으며 목숨을 부지하느니 차라리 귀양살이를 하겠다고 각오한 것으로밖에는 달리 설명할 길이 없다. 또한 이 남자의 아들도 아버지의 난폭함에 똑같이 노출되어 있었을 것이라는 가정도 가능했다. 나는 세계적으로 유명한 소설을 쓴 이 작가가 자신의 과거를 어떻게 처리했는지 궁금했다. 물론 도스토예프스키가 장편소설 《카라마조프의 형제들》에서 무자비한 아버지에 대해 서술한 것은 알고 있었다. 그런데 내가 알고 싶었던 것은 그와 아버지는 실제로 어떤 관계였느냐 하는 점이었다. 그래서 그의 편지에서 관련이 있는 대목들을 찾아보았다. 도스토예프스키의 편지 가운데 많은 것을 읽어보았지만 아버지에게 쓴 편지는 하나도 찾지 못했다. 아버지에 대해 언급한 적은 딱 한 번 있었는데, 아들로서 아버지를 매우 존경하고 사랑한다는 내용이었다.

그러나 도스토예프스키의 거의 모든 편지에는 경제 사정에 대해 하소연하고, 빌려주는 형식을 취해서라도 경제적으로 도와달라고 부탁하는 내용이 들어 있었다. 내가 보기에는 이런 하소연과 부탁 속에, 끊임없이 존재의 위협을 느끼는 아이의 불안감이 분명하게 드러나 있다. 그와 동시에 편지 수신인이 그의 어려운 사정을 이해하여 호의를 베풀어주기를 필사적으로 희망하는 마음도 표현되어 있다.

잘 알려진 대로 도스토예프스키는 건강이 매우 나빴다. 만성불면증으로 고통을 겪었고 악몽을 하소연하기도 했다. 아마도 그는 의식하지 못했겠지만 어린 시절에 입은 정신적 외상이 꿈으로 나타났을 것이다. 게다가 그는 수십 년 동안 간질 발작에 시달렸다. 그런데도 그의 전기 작가들은 이런 발작을, 정신적 외상을 입은 어린 시절과 거의 연관짓지 않았다. 또한 그들은 도스토예프스키가 병적으로 룰렛 시합을 즐겼던 사실이 너그러운 운명을 희구하는 잠재심리와 연관되어 있다는 것도 깨닫지 못했다. 그는 아내의 도움으로 룰렛중독에서 벗어날 수 있었지만, 그의 아내도 그에게 '전문가 증인'이 되어 줄 수는 없었다. 그 당시에는 친아버지를 비난하는 행동을 오늘날보다 더 철저하게 금기시했기 때문이다.

나는 안톤 체호프에게서도 비슷한 상황을 발견할 수 있었다. 내가 추측하기에 그는 단편소설 《아버지》에서, 과거에 농노였고 알코올중독자였던 아버지의 모습을 매우 정확하게 묘사하고 있다. 이 작품은 술에 절어 아들들이 보내준 돈으로 생활하고, 이들의 성공으로 자신을 치장하여 허전한 마음을 감추려고 하는 한 남자의 이야기를 다루고 있다. 이 남자는 자기 아들들에 대해 알아보려고 한 적이 한 번도 없으며, 따듯함이나 자신의 품위에 대한 감정을 절대로 보여주지 않는 사람이다. 그리고 이 이야기는 인위적인 창작물로 간주되어 체호프의 의식적인 삶에서 완전히 분리되었다.

아버지가 자기를 어떻게 대했는지 느낄 수 있었다면 체호프는 아마 수치심을 느꼈거나 격렬한 분노를 터뜨렸을지도 모른다. 하지만 그가 살았던 시대에는 그건 생각할 수도 없는 일이었다. 결국 아버지에게 반항하는 대신 체호프는 가족 모두를 부양했다. 심지어 쥐꼬리만큼밖에 돈을 벌지 못했던 시절에도 그랬다. 그는 모스크바에 사는 부모의 집세를 부담했고, 지극정성으로 부모와 형제들을 돌보았다.

그런데 나는 그의 편지 모음집에서 체호프가 아버지에 대해 언급한 부분을 겨우 몇 군데밖에 발견하지 못했다. 일단 아버지에 대해 이야기할 때 보면, 아들의 태도는 더할 나위 없이 호의적이고 이해심이 넘친다. 그 어디에도 어린 시절에 아버지에게 매일 무자비하게 매를 맞았던 것에 대한 분노의 흔적이 나타나지 않는다.

30대 초반에 체호프는 죄수들의 유배지였던 사할린 섬에서 몇 달 동안 생활했다. 그의 말에 따르면 저주받은 사람들, 고문당한 사람들, 매 맞는 사람들의 삶을 기술하기 위해서였다. 내가 추측하건대, 자기가 그런 사람들과 다를 바 없다는 것을 알았다고 해도 그는 그 사실을 자신으로부터 분리시켰을 것이다. 전기 작가들은 체호프가 45세라는 이른 나이에 죽은 원인이 사할린 섬의 혹독한 기후 때문이라고 설명했다. 그 당시 체호프는 평생 앓아오던 폐결핵에 시달렸고, 형 니콜라이는 폐결핵으로 그보다 훨씬 먼저 목숨을 잃었다.

나는 《넌 몰라도 돼》에서 프란츠 카프카와 다른 작가들의 삶을 조명하며, 글쓰기가 그들의 생존에 도움을 주긴 했으나 그들 안에 갇힌 아이를 완전히 해방하고, 그 아이에게 과거에 잃어버린 삶의 활력, 감수성, 안정감을 되돌려줄 만큼 충분한 도움을 주진 못했다는 점을 밝힌 바 있다.

프란츠 카프카에게는 밀레나와, 특히 누이인 오틀라가 고통에 대한 증인이 되어주었다. 카프카는 그들에게 속마음을 털어놓을 수 있었다. 하지만 어린 시절의 불안과 부모로 인해 겪은 고통을 털어놓지는 못했다. 그것은 금기사항이었다. 그럼에도 그는 마침내 '아버지에게 보내는 편지'를 썼고, 이 편지는 훗날 사람들에게 널리 알려졌다.

그런데 카프카는 그 편지를 아버지가 아니라 어머니에게 보냈다.

아버지에게 전해달라는 부탁과 함께 말이다. 그는 어머니에게 '전문가 증인'의 역할을 기대했다. 이 편지를 보고 어머니가 아들의 고통을 이해하여 중재자가 되어주기를 바란 것이다. 그런데 어머니는 편지를 돌려주었고, 그 내용에 대해 아들과 이야기를 나누려는 의지를 눈곱만치도 보이지 않았다. 카프카에게는 '전문가 증인'의 도움 없이 아버지와 맞설 능력이 없었고, 벌을 받을 것이라는 불안이 너무나 컸다. 이와 같은 불안을 묘사한 작품 《심판》을 떠올려보기만 해도 알 수 있을 것이다. 안타깝게도 카프카에게는 두렵더라도 편지를 보내라고 격려해줄 수 있는 사람이 한 명도 없었다. 그런 사람이 있었더라면 카프카에게 구세주가 되었을지도 모른다. 카프카는 혼자 힘으로는 감히 그럴 엄두를 낼 수가 없었다. 그 대신 결국 폐결핵에 걸려 40대 초반의 나이에 세상을 뜨고 말았다.

니체에게서도 이와 비슷한 상황을 관찰할 수 있다. 나는 이미 《손대지 않은 열쇠》와 《침묵의 벽 허물기》에서 그의 비극에 대해 서술한 바 있다. 나는 니체의 거대한 저작을 거짓과 착취, 기만과 억지 적응에서 벗어나려는 외침으로 이해한다. 하지만 그 누구도, 더구나 그 자신조차도 어린 시절에 벌써 그런 것들 때문에 얼마나 고통을 받았는지 알 수가 없었다.

하지만 니체의 몸은 이러한 부담을 끊임없이 느끼고 있었다. 소년 시절에 벌써 그는 류머티즘과 싸워야 했다. 심한 두통에도 시달렸다. 의심할 나위 없이, 둘 다 절실한 감정을 억누른 데서 비롯된 병이었다. 그 밖에도 그는 다른 수많은 병에 걸려 고통을 겪었는데, 한 학년 동안 백여 번이나 병이 난 적도 있었다. 하지만 일상이 되다시피 한 허위의 도덕에 대한 고통이 그 원인이라는 사실을 간파할 수 있는 사람은 아무도 없었다. 모두 다 니체와 같은 공기를 마시며 살았기 때문이다. 다만 그의 몸이 그러한 허위를 다른 사람들보다 더 분명하게 감지했을 따름이었다. 몸이 알고 있는 것을 받아들일 수 있도록 누가 도와주었다면, 분명 니체는 '이성을 잃어버린 채' 생의 마지막 순간까지 자기 자신의 진실에 대해 눈을 뜨지 못하는 운명을 겪지 않았을지도 모른다.

2
자유를 위한 투쟁

프리드리히 쉴러

오늘날에도 아이들에게 매질을 해도 괜찮다고 장담하는 소리가 자주 들린다. 자기 삶이 바로 그 증거라고 주장하는 사람들도 많다. 성인이 되어 병에 걸린 것과 어린 시절에 매를 맞고 자란 것 사이에 관계가 있다는 사실이 은폐되어 있을 때는 그런 믿음을 가질 수 있다. 게다가 사람들은 수백 년 동안 무비판적으로 이를 되풀이해왔다. 프리드리히 쉴러의 삶은 이러한 은폐 기능이 얼마나 훌륭하게 작동하는지 여실히 보여주고 있다.

프리드리히 쉴러는 인생에서 결정적으로 중요한 시기인 생후 3년을 어머니하고만 지냈다. 그는 사랑이 넘치는 어머니를 통해 품성을 기르며 엄청난 재능을 키울 수 있었다. 하지만 네 살 때, 폭군과 같은 아버지가 긴 전쟁에서 돌아왔다. 쉴러의 전기 작가 프리드리히 부르쉘(Friedrich Burschell)은 그를 '융통성 없이 고집이 세고', 엄격하고 조급하며, 불끈 화를 내는 성격을 가진 사람으로 묘사했다. 그는 생기발랄한 아이의 자발적이고 창의적인 표현을 억누르는 것이 중요하다는 교육관을 가진 사람이었다. 그럼에도 쉴러는 학교성적이 좋았는데, 이는 생후 몇 년 동안 어머니 품에서 정서적인 안정을 느끼며 계발할 수 있었던 지능과 신뢰 덕분이었다. 그러나 열세 살 때부터 소년 쉴러는 사관학교에 들어가 군사훈련을 받으며 이루 말할 수 없는 고통을 겪게 되었다. 훗날 소년 니체가 그랬듯이, 그는 걸핏하면 병에 걸려 고통을 받았다. 거의 집중할 수가 없었고, 한 주일 내내 병상에 누워 지낸 적도 많았다. 결국 쉴러의 성적은 가장 밑바닥으로 떨어지고 말았다. 사람들은 쉴러의 성적이 병 때문에 내려갔다고 설명한다. 그러나 8년 동안 지내야 했던 기숙사의 비인간적이고 불합리한 규율이 그의 몸과 정신적인 에너지를 고갈시켰다는 생각에 도달한 사람은 아무도 없었다. 쉴러로서는 자기가 처한 곤경에 대해 하소연하는 방법으로 병 이외의 다른 언어를 발견할 수가 없었던 것이다. 다만 몇 세기가 지나는 동안, 그 누구도 이 침묵의 언어를 이해하지 못했을 뿐이다.

한편 프리드리히 부르쉘은 이 학교에 대해 다음과 같이 기술했다.

감수성이 예민한 시기에 스스로가 감옥에 갇힌 죄수와 다를 바 없다고 느끼며 자유에 목말라하던 한 젊은이의 넘쳐흐르는 격정이 이곳에서 폭발했다. 건물의 문은 의무 산책시간에만 열렸다. 이 시간이 되면 생도들은 군인들의 감시 아래 산책을 할 수 있었다. 쉴러는 이곳에서 지낸 8년 동안 거의 하루도 자유롭게 지내본 적이 없었고, 가끔 두어 시간의 자유시간밖에는 누릴 수 없었다. 그 당시에는 방학이라는 것을 몰랐고 휴가도 보내주지 않았다. 24시간 동안 모든 일과는 군대식으로 진행되었다. 거대한 공동침실의 기상시각은 여름에는 5시, 겨울에는 6시였고, 하사관들이 침구 정돈과 화장실 상태를 점검했다. 그런 다음에 생도들은 강당으로 행진하여 일조점호를 받았고, 거기서 식당으로 이동하여 빵과 곡물가루죽으로 아침식사를 했다. 모든 동작은 구령에 따라 이루어졌다. 구령에 맞춰 기도를 위해 두 손을 깍지끼고, 의자에 앉고, 또 행진했다. 7시부터 12시까지는 수업이었다. 그 다음에 이른바 청결시간이라는 이름으로 불린, 복장점검시간이 30분 있었다. 이 시간에 쉴러 생도는 거의 매일 벌을 받았고, 그 덕분에 돼지 피부라는 명성을 얻었다. 생도들은 30분 동안에 사열복장을 갖추어야 했다. 검정 소맷부리가 달린 강청색 상의, 흰색 조끼와 바지를 입고, 목을 바깥으로 젖힌 장화를 신고, 군도(軍刀)를 차고, 레이스와 장식깃털이 달린 삼각 모자를 썼다. 공작이 빨간 머리를 싫어했기 때문에, 쉴러는 머리에 가루를 뿌려야 했다. 거기에 덧붙여 다른 생도들과 똑같이 기다란 인조 편발(編髮)을 달고, 관자놀이에는 석고를 바른 파마용 종이 두 장을 붙였다. 그렇게 복장을 갖춘 뒤 생도들은 행진하며 이동했고, 정오점호를 받고 점심식사를 했다. 식사 후에는 산책과 군사훈련을 받았고, 그 후 2시부터 6시까지 수업을 마치고 나면, 이어서 다시 청결시간이 되었다. 나머지 시간도 세밀하게 짜여진 자습시간으로 채워졌고, 저녁식사를 마치면 곧장 취침에 들어갔다. 스물한 살이 될 때까지 젊은 쉴러는 이렇게 매일 똑같이 반복되는 질서의 강제 안에 갇혀서 살았다.[9]

---

[9] Friedrich Burschell: *Friedrich Schiller in Selbstzeugnissen und Bilddokumenten*, Reinbek bei Hamburg: Rowohlt Taschenbuch Verlag 1958, 25쪽 참고.

몸의 여러 기관들이 계속해서 극심한 통증을 수반한 경련을 일으켜 쉴러를 괴롭혔다. 40대에 들어서는 병마가 쉬지 않고 그의 생명을 위협했고, 정신착란도 병세를 무겁게 했다. 마침내 쉴러는 병을 이기지 못하고 마흔여섯 살의 나이로 세상을 떠났다.

나는 쉴러의 몸이 이처럼 격렬한 경련을 일으킨 원인이 어린 시절에 걸핏하면 체벌을 받고, 또 혹독한 규율 아래 청소년기를 보낸 데 있다고 믿어 의심치 않는다. 본래 감옥 같은 생활은 쉴러가 사관학교에 입학하기 전, 아버지와 살 때부터 시작되었다. 그의 아버지는 아들에게서, 그리고 자기 자신에게서도 즐거움을 느끼는 감정을 조직적으로 말살해버리고는, 이를 자율이라고 일컬었던 인물이었다. 예를 들어 아이들에게 식욕이 없으면 당장 식사를 멈추고 식탁을 떠나라고 명령하는 사람이 있는데, 쉴러의 아버지가 바로 그런 사람이었다.

각 개인의 삶의 질을 이런 식으로 이상하게 억압하는 것은 예외적인 경우에 속한다고 치자. 하지만 그 당시에는 사관학교 시스템이 널리 확산되어 프로이센 식의 엄격한 교육으로 간주되었고, 그 결과에 대한 반성도 이루어지지 않았다. 이 학교의 분위기는 나치 강제수용소에 대해 기술한 많은 글들을 상기시킨다. 국가적으로 조직된 사디즘이 사관학교에서보다 강제수용소에서 훨씬 더 악의적이고 잔혹하게 자행되었다는 사실에는 의심의 여지가 없다. 그런데 그 뿌리는 몇 세기에 걸쳐 진행된 과거의 교육 시스템에 놓여 있었던 것이다.[10]

---

[10] Alice Miller: Am Anfang war Erziehung, Frankfurt a. M.: Suhrkamp 1980.

계획된 잔혹행위를 명령하는 자와 실행하는 자 모두, 어린 시절에 사람을 모욕하는 수많은 방법과 구타의 피해를 직접 몸으로 겪고, 이를 정확하게 체득한 사람들이었다. 그렇기 때문에 훗날 죄책감을 느끼거나 반성하는 법 없이, 어린 아이나 수감자들처럼 자신의 권력 아래 놓인 다른 사람들에게 자신이 겪었던 것과 똑같은 형태의 잔혹행위를 저지를 수 있었던 것이다. 쉴러는 과거에 자기가 당했던 폭력을 다른 사람에게 앙갚음하려는 충동에 휩싸이지는 않았다. 하지만 어린 시절에 참고 살아야 했던 폭력 때문에 그의 몸은 평생 시달려야 했다.

물론 쉴러가 특별한 경우는 아니었다. 수백만 명의 남자들이 어린 시절에 그와 같은 학교를 거치면서, 중벌을 받거나 목숨을 잃지 않기 위해 권위에 묵묵히 복종하는 법을 몸에 익히지 않을 수 없었다. 이런 경험들을 통해 그들은 '네 번째 계명'을 지극히 공손하게 받들었고, 강압적인 권위에 대해 절대 의심을 품어서는 안 된다는 것을 아이들에게 확고하게 각인시켰다. 놀라운 것은 그 아이들이 자라 낳은 아이들의 아이들이, 오늘날에도 여전히 매질이 자기들을 이롭게 했다는 주장을 내세우고 있다는 사실이다.

물론 쉴러는 예외에 속하는 인물이다. 그는 《군도(群盜)》에서 《빌헬름 텔》에 이르는 전 작품을 통해 권위를 이용한 맹목적인 폭력 행사에 끊임없이 저항했고, 웅혼한 언어를 통해 많은 사람들의 마음속에 언젠가는 이 투쟁에서 승리를 거둘 수 있을 것이라는 희망의 싹을 틔워주었다. 하지만 그의 작품을 살펴본 결과, 쉴러는 불합리한 권위에 대한 저항이 아이 때 자기 몸이 받은 경험에서 비롯되었다는 사실을 알지 못한 듯하다. 아버지가 행사한 헤아리기 어렵고 위협적인 권력이 가하는 고통은 쉴러에게 글쓰기에 대한 충동을 불러일으켰다. 하지만 그는 이러한 동기를 인정하는 것을 용납하지 않았다. 그는 아름답고 위대한 문학작품을 쓰려고 했으며, 역사적인 인물을 매개로 진실을 말하려고 했다. 그리고 탁월한 성공을 거두었다. 다만 아버지에게 받은 고통에 관한 진실만은 여전히 언급 대상에서 제외되어 있었고, 때 이른 죽음을 맞이할 때까지 그것은 스스로에게도 은폐되어 있었다. 작품을 통해서 자유와 진실을 위해 투쟁했다는 이유로 수세기 전부터 그를 찬미하고 모범으로 내세우는 사회와 쉴러 자신에게 그것은 여전히 비밀에 부쳐졌다. 그의 투쟁은 사회가 용인한 진실만을 위한 투쟁이었다. 누가 그에게 이런 말을 했다면 대담한 프리드리히 쉴러도 아마 깜짝 놀랐을 것이다. "당신 부모를 꼭 존경할 필요는 없어요. 그런 해를 끼친 사람들은 당신에게 사랑도 존경도 받을 자격이 없어요. 부모라도 마찬가지예요. 이러한 존경에 대한 대가로 당신의 몸은 끔찍한 고통을 겪을 거예요. 더 이상 '네 번째 계명'을 받들지 않는다면, 자신을 그 고통에서 해방시킬 수 있어요."

이 말에 대해 쉴러는 뭐라고 대꾸했을까?

3
기억에 대한 배반
버지니아 울프

나는 20년도 더 전에 쓴 《넌 몰라도 돼》에서 버지니아 울프에 대해 언급한 적이 있다. 그녀와 그녀의 언니 바네사는 어린 시절에 두 이복형제들에게 성폭행을 당했다. 루이스 드살보(Louise deSalvo)의 언급에 따르면[11], 버지니아 울프는 24권에 달하는 일기에서 그 끔찍했던 시절에 대해 되풀이해서 언급했다고 한다. 그 시기에 그녀는 자기가 어떤 곤경에 처해 있는지 부모에게 털어놓을 엄두를 내지 못했다. 부모의 도움을 기대할 수 없었기 때문이다. 평생 우울증에 시달리면서도, 버지니아 울프에게는 문학작품에 몰두할 힘이 있었다. 문학을 통해 자기 자신을 표현하고, 궁극적으로는 어린 시절에 입은 끔찍한 정신적 외상을 극복할 수 있을 것이라는 희망이 있었다. 하지만 1941년, 우울증이 그녀를 무너뜨렸고, 버지니아 울프는 강물에 몸을 던졌다.

---

[11] Louise deSalvo: *Virginia Woolf—Die Auswirkungen sexuellen Mißbrauchs auf ihr Leben und Werk*, München: Verlag Antje Kunstmann 1990.

《넌 몰라도 돼》에서 그녀의 운명에 대해 기술할 때는 모르고 있었던 중요한 정보를 나는 몇 년 뒤에야 알게 되었다. 그녀에 대한 연구논문에서 루이스 드살보는, 버지니아 울프가 프로이트의 저서를 읽고 난 뒤에 이전의 자전적인 작품들 속에 직접 기록했던 자기 기억의 신빙성에 대해 어떻게 의심하기 시작했는지 언급했다. 바네사도 이복형제들에게 성폭행을 당했다는 사실을 그녀의 입을 통해 알 수 있었음에도 말이다.

드살보의 기술에 따르면, 그때까지 버지니아 울프는 인간의 행동을 어린 시절에 겪은 체험의 논리적 결과로 간주했다. 그런데 프로이트의 저서를 읽은 뒤로는 그의 이론에 기대어 인간의 행동을 충동과 상상, 허황된 망상의 결과로 보려고 노력했다. 프로이트의 저서가 버지니아 울프를 철저히 혼란에 빠뜨리고 만 것이다. 그녀는 무슨 일이 일어났었는지 정확하게 알고 있었다. 하지만 다른 한편으로는, 과거에 성폭력을 당한 피해자들이 거의 그렇듯이, 그 일이 사실이 아니길 바랐다.

마침내 버지니아 울프는 프로이트의 이론을 흔쾌히 받아들이고는 과거를 부정하기 위해 자신의 기억을 희생시켰다. 그녀는 부모를 이상화하고 모든 가족을 긍정적인 시각으로 묘사하기 시작했다. 전에는 한 번도 없었던 일이었다. 결국 프로이트를 인정하고 난 이후로, 그녀는 확신을 잃고 혼란에 빠져 자신이 미쳤다고 생각했다. 이에 대해 드살보는 이렇게 서술했다.

나는 그런 과정을 통해 그녀가 자살하겠다는 결심을 더욱 굳게 다졌다고 확신한다. 그리고 이 주장을 증명할 수도 있다. (…) 내가 생각하기에 버지니아 울프는 인과관계를 밝히려고 노력했지만, 프로이트 때문에 그 토대가 허물어지고 말았다. 그래서 어쩔 수 없이 우울증과 정신상태에 대한 자신의 설명을 거둬들여야겠다고 생각했다. 처음에 그녀는 자신의 상태가 어린 시절에 겪은 근친상간에 기인한다는 전제에서 출발했다. 하지만 프로이트의 생각을 따르게 된 이후로는 다른 가능성을 고려하지 않을 수 없었다. 다시 말하면 자신의 기억이 잘못된 것은 아니라고 해도 왜곡되었을 수도 있으며, 실제로 겪은 경험이라기보다는 소망이 투사된 것이고, 사건 그 자체가 자신의 상상력의 산물일지도 모른다는 가능성을 고려할 수밖에 없었다.[12]

어린 시절에 겪은 끔찍한 일에 대해 감정을 함께 나눌 수 있는 '전문가 증인'이 버지니아 울프 곁에 있었다면, 자살을 피할 수 있었을지도 모른다. 하지만 그녀에겐 아무도 없었다. 버지니아 울프의 눈엔 프로이트가 그 전문가였다. 그러자 자신에게 심한 환멸을 느꼈고, 자기가 쓴 작품들마저 그녀를 불안하게 했다. 이제는 위대한 아버지의 이상적인 상징이자 당시 사회의 가치척도를 대변했던 인물인 프로이트에게보다는 오히려 자기 자신에게 절망감이 든 것이다.

안타깝게도 그 사회는 이후로도 크게 변하지 않았다. 1987년에 언론인 니콜라우스 프랑크(Nikolaus Frank)도 그와 같은 일을 경험했다. 그가 《슈테른》지와 가진 인터뷰에서 자기 아버지의 폭력을 절대 용서하지 않겠다고 말했을 때, 사람들은 그에게 엄청난 비난을 퍼부

---

[12] 위의 책, 155쪽 참고.

었다. 그의 아버지는 2차대전 중에 크라카우(Krakau)[13]에서 관구 지도자로 지내면서 수많은 사람들에게 형언할 수 없는 고통을 안긴 인물이었지만, 사회 전체가 아들에게 그러한 잔혹행위를 너그럽게 받아들여줄 것을 기대했다. 사람들은 니콜라우스 프랑크에게, 그의 아버지가 가장 잘못한 일은 그 같은 아들을 낳은 것이라고 했다.

---

[13] 폴란드의 공업도시 크라쿠프(kraków)의 독일어명.—옮긴이.

4
자기증오와 채워지지 못한 사랑

아르튀르 랭보

아르튀르 랭보는 1854년에 태어나 서른일곱 살이던 1891년에 암으로 죽었다. 오른쪽 다리를 절단하고 난 몇 달 뒤의 일이었다. 랭보의 전기 작가 이브 본느푸아(Yves Bonnefoy)는 랭보의 어머니가 엄격하고 폭력적이었으며, 그 점에 대해서는 모든 자료가 일치한다고 기록했다.

랭보의 어머니는 명예욕에 사로잡혔고, 거만하고 고집불통이었으며, 음험한 증오를 품고 있었고, 그러면서도 무미건조한 기질의 여자였다. 위선으로 덧칠한 독실함에서 흘러나오는 에너지가 넘치는 사람의 전형이었다. 1900년 무렵에 쓴 편지들에서 그녀는 자기가 파괴와 죽음에 흠뻑 빠졌다고 쓰기도 했다. 여기서 우리는 그녀가 공동묘지와 관계된 모든 것에 탐닉했다는 사실을 상기하지 않을 수 없다. 일흔다섯 살 때에는 매장 인부들을 시켜 자기 몸을 무덤 속에 집어넣게도 했다. 이 무덤은 앞서 죽은 두 아이인 비탈리와 아르튀르 사이에 마련해둔 것으로 훗날

자기가 묻히기로 예정된 곳이었다. 그녀는 그런 식으로 죽음을 미리 맛보고 싶어했다.[14]

지적이고 다정다감한 아이가 그런 어머니 곁에서 성장했을 때 무슨 일이 일어났을까? 대답은 랭보의 시 속에 있다. 본느푸아는 이렇게 말한다.

그녀는 모든 수단을 동원하여, 사태가 돌이킬 수 없는 방향으로 진행되는 것을 저지하고 차단하려고 노력했다. 어쨌든 독립하려는 소망, 자유의 조짐만큼은 그 싹부터 도려내려고 했다. 자신이 고아와 다를 바 없다고 여기는 소년의 마음속에서 어머니에 대한 태도는 증오와 복종으로 양분되었다. 랭보는 어머니의 사랑을 느끼지 못했다. 그리고 그 원인이 자기에게 있다고 막연히 결론을 내렸다. 그는 자기에게 그런 판결을 내린 심판관을 향해 자신은 무죄라며 거칠게 반발했다.[15]

어머니는 자녀의 행동에 빠짐없이 간섭하면서, 그것을 모성애로 간주했다. 그런데 총명한 아들은 그 허위를 간파했다. 또한 외적인 것에 대해 끊임없이 걱정해주는 것과 진정한 사랑은 아무 관계가 없다는 것을 알아차렸다. 하지만 아이는 자기가 목격한 사실을 모두 다 인정할 수가 없었다. 무슨 일이 있어도 사랑을 받아야 했기 때문

---

[14] Yves Bonnefoy: *Rimbaud*. Mit Selbstzeugnissen und Bilddokumenten. Aus dem Französischen übertragen von J.-M. Zemb, Reinbek bei Hamburg: Rowohlt Taschenbuch Verlag. [7]1999[1962], S. 17.
[15] 위의 책, 같은 곳.

이다. 최소한 사랑받는다고 착각이라도 해야 했다. 겉으로만 자기를 보살피는 어머니일지라도 미워해서는 안 되는 일이었다. 그러므로 자기가 허위와 냉대를 받을 짓을 했을 것이라는 무의식적인 확신 아래, 분노의 화살을 자신을 향해 겨냥했다. 그는 지방 도시를 향해, 또 니체와 비슷하게 기만적인 도덕을 향해, 그리고 자기 자신을 향해 혐오감을 표출했다. 그리고 그 혐오감에 스스로 들볶였다. 그는 알코올과 압생트[16], 대마초와 아편의 힘을 빌려, 또 계속되는 여행에 의지하여 이런 감정에서 벗어나고자 평생 동안 안간힘을 썼다. 소년 시절 랭보는 두 번이나 가출을 했지만, 그때마다 다시 붙잡혀 돌아왔다.

랭보의 시에는 이러한 자기증오가 반영되어 있다. 또 생의 초기에 전혀 받아보지 못했던 사랑에 대한 희구도 드러난다. 랭보는 학교에 다니며 좋아하는 교사를 만나게 되는 행운을 얻었다. 결정적으로 중요한 사춘기 시절에, 그는 랭보에게 솔직한 친구, 동반자, 후원자가 되어주었다. 그리고 이러한 믿음 덕분에 랭보는 글쓰기와 철학적 사색에 몰두할 수 있었다. 하지만 어린 시절이 계속 그의 목을 조르고 있었다. 그는 참된 사랑의 본질을 철학적으로 관찰함으로써, 잃어버린 사랑에 대한 좌절감을 해소하려고 노력했지만, 이 노력은 추상적인 차원을 넘지 못했다. 지적으로는 도덕을 거부하면서도, 감정적으로는 여전히 그것의 충실한 하인이었기 때문이다. 자기 자신에 대해 메스꺼움을 느끼는 것은 괜찮았지만, 어머니에게 느끼는 것은 허락되지 않았다. 어린 시절의 기억이 보내는 고통스런 메시지에 귀를

---
[16] 향쑥 등으로 만든 술.—옮긴이.

기울이는 것은 용납할 수 없는 일이었다. 그것은 어린 시절 그가 생존할 수 있도록 도와주었던 희망을 깨뜨리는 일이었다. 결국 믿을 것은 자신뿐이라는 듯이 랭보는 쓰고 또 썼다. 진정한 사랑이 아니라 병든 기만적인 사랑만을 보여주었던 어머니 곁에서 어린 소년은 어떻게 해야 했을까? 그의 전 생애는 모든 수단을 동원하여 어머니의 파괴 행위에 맞서 자신을 보호하려는 거대한 시도였다.

어린 시절에 랭보와 같은 일을 겪은 젊은이들은 바로 이러한 이유에서 십중팔구 그의 시에 매료될 것이다. 그의 시 속에서 막연하게나마 자기 자신의 과거를 느낄 수 있기 때문이다.

랭보가 폴 베를렌과 사귀었다는 것은 잘 알려진 사실이다. 베를렌과의 우정이, 사랑과 진실한 의사소통을 간절히 그리던 랭보의 마음을 채워준 것처럼 보인다. 그런데 사랑하는 사람과 친밀함을 나누던 중에 어린 시절에 뿌리를 둔 불신이 고개를 들었고, 게다가 베를렌의 과거[17]도 있고 해서, 이 사랑은 파경에 이르고 만다. 그들은 상대에게 마음을 열려고 했지만, 마약으로 도피한 상태에서는 불가능한 일이었다. 그리고 서로에게 커다란 상처를 남겼다. 랭보의 어머니와 하나도 다를 바 없는 파괴적인 행동을 하던 끝에 베를렌은 취한 상태에서 랭보에게 두 번이나 총을 발사했고, 그 벌로 2년 동안 감옥에 갇혀 있어야 했다.

어린 시절에 그리워했던 진실한 '사랑 그 자체'를 구해내기 위해

---

[17] 베를렌은 랭보와 사귀기 전에, 랭보와 같은 나이의 마틸드 모테와 결혼한 몸이었다. 베를렌과의 관계에서 마틸드는 랭보가, 랭보는 마틸드가 장애가 된다고 여겼다.—옮긴이.

랭보는 다른 사람에 대한 박애와 이해, 동정심 속에서 사랑을 추구했다. 그는 자기 자신은 받지 못했던 것을 다른 사람에게 주려고 했다. 친구를 이해하려고 했고, 친구가 스스로를 이해할 수 있도록 돕고 싶어했다. 하지만 어린 시절에 억압당했던 감정이 늘 랭보의 계획을 방해했다. 랭보는 기독교의 이웃사랑 속에서 구원을 발견하지 못했는데, 그 무엇에도 매수당하지 않았던 그의 인지능력이 자신을 기만하도록 내버려두지 않았기 때문이다.

그렇게 랭보는 끊임없이 자신에게 감춰져 있는 진실을 찾아 헤매느라 평생을 허비했다. 어머니가 자행했던 행실을 미워하는 것이 아니라, 스스로를 미워하도록 이른 어린 시절부터 학습되어 있었기 때문이다. 랭보는 자기 자신을 괴물로, 동성애 성향을 악덕으로, 절망을 죄악으로 느꼈다. 그러면서도 멈출 줄 모르는 자신의 정당한 분노를 그 근원을 향해서 터뜨리는 것을 결코 용납하지 않았다. 다시 말하면 랭보는 수단 방법을 가리지 않고 감옥 속에 자기를 가두려는 여인을 향해 분노를 터뜨리는 것을 자신에게 허락하지 않았다.

랭보의 일생은 마약 복용, 여행, 환상에 기대어, 그리고 다른 무엇보다도 시의 힘을 빌려 이 감옥에서 벗어나려는 몸부림으로 이어졌다. 하지만 해방으로 인도하는 문을 열기 위해 아무리 필사적으로 노력해도, 가장 중요한 문 하나는 닫혀 있었다. 어린 시절의 감정적 현실에 이르는 문, 다시 말하면 보호해주는 아버지도 없이, 심각한 정신장애가 있는 음험한 여자의 손에서 성장할 수밖에 없었던 어린아이의 감정에 이르는 문은 닫혀 있었다.

몸은 평생 동안, 이른 어린 시절에 채우지 못한 진정한 영양분을 갈구한다. 랭보의 전기는 이를 보여주는 단적인 예이다. 그는 어머니에게서 채울 수 없는 결핍과 허기를 스스로 해소하는 수밖에 없었다. 이러한 측면에서 볼 때, 마약 복용, 잦은 여행, 베를렌과의 우정은 어머니를 피하려는 시도인 동시에, 어머니에게 받지 못했던 진정한 영양분을 채우려는 노력으로 이해할 수 있다. 하지만 이와 같은 내면의 현실은 무의식 속에 묻혀 있어야 했다. 랭보의 삶에 반복충동의 흔적이 각인되어 있는 까닭은 여기에 있다고 할 수 있다.

도피에 실패할 때마다 랭보는 어머니에게 되돌아왔다. 베를렌과 헤어진 뒤에도 그랬고, 자신의 창의력을 희생해가며 몇 년 동안 글쓰기를 포기함으로써 간접적으로 어머니의 요구에 따랐던 생의 후반기에도 그랬다. 이때 그는 상인이 되어 있었다. 죽기 직전의 마지막 시간을 랭보는 마르세유(Marseille)에 있는 병원에서 보냈고, 병원에 가기 전에는 로슈(Roche)에 있는 어머니와 누이의 집에 머물며 간호를 받았다. 결국 어머니의 사랑을 향한 랭보의 방랑의 여정은 어린 시절의 감옥 안에서 끝나고 말았다.

5
전통에 억압된 감수성

미시마 유키오

1970년 45세의 나이에 할복자살한 일본의 유명한 작가 미시마 유키오는 종종 자신을 '괴물'이라 불렀다. 자기 안에 퇴폐적인 것, 도착적인 것에 탐닉하는 성향이 있다는 것을 느꼈기 때문이었다. 그의 상상은 죽음, 암흑 세계, 성적 폭력에 쏠려 있었다. 다른 한편으로 그의 시에서는 비범한 감수성이 묻어났다. 하지만 감수성은 틀림없이 어린 시절에 겪은 비극적인 경험의 무게에 눌려 크게 시달렸을 것이다.

미시마는 1925년에 장남으로 태어났다. 결혼한 지 얼마 안 되었던 그의 부모는 미시마의 조부모 집에서 살고 있었고, 이것은 당시 일본에서는 흔히 있는 일이었다. 태어나기가 무섭게 할머니는 손자를 자기 방으로 데려갔다. 그 당시 쉰 살이던 그의 할머니는 자기 잠자리 옆에 미시마의 잠자리를 마련했다.

할머니 방에서 미시마는 여러 해를 살았다. 그는 세상으로부터 단절되어 할머니의 욕구에 일방적으로 내맡겨진 상태였다. 할머니는 심한 우울증을 앓고 있었는데, 가끔 히스테리를 부려 아이를 깜짝 놀라게 하곤 했다. 그녀는 남편과 미시마의 아버지인 아들을 경멸했지만 손자는 신처럼 떠받들었다. 그리고 그 손자는 자신의 소유물이어야 했다. 자전적인 기록들 속에서 그는 할머니와 함께 쓰던 그 방에 있으면 숨이 막히는 것 같았고 역한 냄새가 났다고 기억했다. 하지만 자기가 처해 있던 상황에 대해 분노와 반항의 감정을 털어놓지는 않았다. 그가 보기에는 그 상황이 유일한 규범이었기 때문이다.

미시마는 네 살 때부터 중병을 앓았다. 사람들이 자가중독[18]이라고 일컫는 병이었는데, 이 병은 나중에 가서야 고질병이라는 것이 밝혀졌다. 또한 그는 여섯 살 때 학교에 들어가고 나서야 처음으로 다른 사람들을 사귀게 되었는데, 그들과 함께 있으면 외롭고 서먹서먹한 느낌이 들었다. 물론 미시마는 감정적으로 자기보다 더 자유롭고, 가정에서 각기 다른 경험을 쌓은 다른 학생들과 사귀는 데 어려움을 겪었다.

미시마가 아홉 살 되던 해에 분가를 하게 되었는데, 그의 부모는 아이를 데리고 가지 않았다. 그리고 이 시기에 그는 시를 쓰기 시작했다. 할머니는 그가 시 쓰는 것을 적극 후원해주었다. 열두 살 때 부모님 집으로 왔을 때, 어머니도 미시마가 쓴 글을 보고 자랑스러워했다. 하지만 아버지는 미시마의 원고를 찢어버렸다. 그러자 어쩔 수 없이 미시마는 몰래 글을 쓸 수밖에 없었다. 부모와 함께 살면서도 그는 가족이 자기를 이해해주고 인정해준다는 느낌을 받지 못했

---

[18] 특별한 원인 없이 어린 아이가 갑자기 활기를 잃고, 두통, 구토 등의 증세를 보이는 병.―옮긴이.

다. 또한 할머니는 그를 계집아이로 만들고 싶어했고, 아버지는 매를 들어서라도 사내답게 키우려고 했다. 이와 같은 상황에서 미시마는 종종 할머니에게 들르곤 했다. 이제 할머니는 그에게 아버지의 학대에서 벗어나는 도피처가 되었다. 할머니는 열두 살 내지는 열세 살 나이인 손자를 극장에 데리고 갔는데, 이는 미시마에게 새로운 세계, 곧 느낌의 세계로 가는 문을 열어주었다.

이른 어린 시절에 미시마는 할머니의 행동에 대해 저항감, 분노, 불쾌감과 같은 감정을 느낄 수가 없었다. 할머니에 대해 고맙게 생각했기 때문에, 그런 감정을 표현하는 것은 절대 용납할 수 없는 일이었다. 나는 그의 자살을, 바로 그런 감정을 경험할 수 없었던 것에 대한 표현으로 이해한다. 아버지의 행동과 비교해볼 때, 고독한 아이인 미시마의 눈에 할머니는 틀림없이 구세주로 보였을 것이다. 그의 진정한 감정들은, 처음부터 아이를 자신의 욕구, 추측건대 성적인 욕구도 포함되었을 욕구들을 위해 이용했을 이 여인에 대한 애착의 감옥에 머물러 있었다. 하지만 그런 사실에 대해 전기 작가들은 보통 입을 다문다. 마지막까지, 다시 말하면 죽음에 이를 때까지, 미시마도 거기에 대해 입을 열지 않았고, 실제로 자신의 진실 앞에 마주 선 적도 결코 없었다.

미시마 유키오의 할복자살에 대해 수없이 많은 원인들이 열거되곤 하지만 가장 확실한 원인이 언급된 적은 거의 없었다. 과거에 부모나 조부모, 또는 부모와 같은 존재들에게 고통을 받았어도, 그들에게 고마움을 느끼는 것을 지극히 당연하게 여기기 때문이다. 우리는 이를 '도덕'으로 규정한다. 그리고 이러한 도덕의 요구에 눌려 우리의 진정한 감정과 순수한 욕구들을 은폐한다.

중병, 때 이른 죽음, 자살은 강제로 규범에 복종한 논리적 결과들이다. 우리가 도덕이라고 일컫는 이 규범이 실제로는 진정한 삶을 질식시킬 수도 있다. 우리의 의식이 이러한 규범을 용납하고, 그것을 삶 그 자체보다 더 높이 받들 때는 항상 그렇게 될 위험이 있다. 이는 세계 어디서든 나타나는 현상이다. 그러나 몸은 의식과 보조를 맞추지 못한다. 그렇기 때문에 질병이라는 언어를 통해 말을 건네는 것이다. 하지만 어린 시절에 자신의 진정한 감정을 부정했다는 사실을 간파하지 못한 사람은 이 몸의 언어를 좀처럼 이해하지 못한다.

모세의 십계명 중에는 오늘날에도 유효한 것들이 많다. 그러나 '네 번째 계명'은 심리학의 여러 법칙과 모순을 이룬다. '사랑하라'는 강요가 엄청난 피해를 입힐 수 있다는 사실을 인정하지 않기 때문이다. 어린 시절에 사랑을 받은 사람들은 굳이 계명에 따르려 하지 않더라도 부모를 사랑하게 된다. 계명에 복종하는 것으로는 절대 사랑을 낳을 수 없다.

6
모성애에 질식된 아이

마르셀 프루스트

살면서 한 번이라도 마르셀 프루스트의 세계 속으로 빠져들 시간과 여유를 가질 수 있었던 사람이라면 누구나, 이 작가가 독자들에게 얼마나 풍부한 감정과 감수성, 이미지와 관찰력을 베풀어주는지 알게 될 것이다. 여러 해에 걸쳐 작품에 매달리는 동안 그 역시 이 모든 것을 풍부하게 두루 경험했기 때문에 그렇게 쓸 수 있었을 것이다.

그런데 이와 같은 체험들이 그에게 생명에 필요한 힘을 주지 못한 이유는 어디에 있었을까? 하필이면 왜 그는 책의 집필을 마무리한 지 두 달 만에 세상을 떠났을까? 왜 질식사했을까? 흔히들 "천식으로 고통을 겪다가 결국에는 폐렴에 걸리고 말았기 때문"이라고 말한다. 그렇다면 그는 왜 천식을 앓았을까? 아홉 살 소년이었을 때, 처음으로 심한 천식이 그를 엄습했다. 도대체 무엇이 이 소년을 천식으로 내몰았던 것일까? 소년은 자기 어머니에게 사랑받는 아이가 아니었던가? 소년은 어머니의 사랑을 느낄 수 있었을까? 아니면 의심과 싸움을 벌였을까?

　사실 마르셀 프루스트는 어머니가 죽고 난 뒤에야 비로소 자기가 관찰하고 느끼고 생각했던 세계를 글로 표현할 수 있었다. 그는 자신이 어머니에게 큰 짐이 된다는 느낌을 자주 받았다. 그래서 어머니에게 절대 스스로를 드러낼 수가 없었다. 다시 말하면 자신의 본래 모습, 어떤 생각을 하고 있고 어떤 기분을 느끼는지를 결코 드러낼 수가 없었다. 이것은 그가 '어머니에게 보낸 편지'에서 확연하게 드러나는데, 그 편지에 대해서는 뒤에서 언급할 것이다.

　프루스트의 어머니는 자기 나름의 방식으로 아들을 '사랑했다'. 그녀는 끔찍할 정도로 아들을 염려했다. 하지만 모든 면에 걸쳐 세세한 것까지 간섭했고 인간관계까지도 지시하려고 했다. 아들이 열여덟 살이 되었는데도, 여전히 이건 되고 저건 안 된다느니 하며 결정권을 휘둘렀다. 그녀는 자기가 원하는 방식으로 아들을 소유하려고 했다. 그리고 자기에게 매달리는 고분고분한 아들로 만들고 싶어했다. 아들은 어머니에게 저항했지만, 그런 다음에는 벌벌 떨며 필사적으로 용서를 빌었다. 그만큼 그는 어머니의 애정을 잃는 것에 대해 겁을 먹었다. 그는 평생 동안 진정한 사랑을 추구했지만, 그의 어머니는 끊임없이 그를 통제하고 권력을 행사하려고 했다. 결국 마르셀은 그런 어머니를 피해 내면으로 움츠러드는 방법으로 자신을 보호하는 수밖에 다른 도리가 없었을 것이다.

　프루스트의 어려운 처지는 천식으로 표현되었다. 그는 공기(사랑)를 지나치게 많이 들이마시긴 했지만, 여분의 공기(간섭)를 내뱉을 수가 없었다. 다시 말하면 어머니의 독재에 거역할 수가 없었던 것이다.

그의 위대한 작품은 마침내 그가 자기 자신을 표현하고, 그것을 통해 다른 사람에게 넉넉한 선물을 안겨주는 데 도움을 줄 수 있었다.

그러나 여러 해 동안 그는 육체적인 고통에 시달렸다. 자기 행동에 간섭하고 강요하는 어머니 때문에 고통을 겪었다는 사실을 있는 그대로 의식하는 것은 용납되지 않았기 때문이다. 마지막 순간까지, 곧 죽음을 맞이할 때까지, 그는 내면화된 어머니를 공공연하게 보호할 수밖에 없었고, 진실이 드러나지 않도록 자기도 조심해야 한다고 생각했다.

그런데 그의 몸은 이와 같은 타협을 받아들일 수가 없었던 것이다. 그의 몸은 진실을 알고 있었다. 추측건대 마르셀 프루스트는 태어나면서부터 그 점을 알고 있었을 것이다. 그의 몸은 간섭과 염려를 결코 진정한 사랑의 표현으로 받아들이지 않았고, 오히려 불안의 표현으로 받아들였다.

그것은 틀에 박힌 사고방식을 지녔고 고분고분했으며 전형적인 시민계층 가정의 딸이었던 자네트 프루스트가 아들의 범상치 않은 독창력에 대해 느끼는 불안이었다. 그녀는 널리 인정받는 한 의사의 아내라는 역할을 훌륭하게 수행하고 사교계에서 존경받기 위해 무척 신경을 썼다. 사교계의 평판을 매우 중요하게 여겼기 때문이다. 마르셀의 창의력과 활력을 위협으로 받아들인 그녀는 무슨 수를 써서라도 그것을 제거하려고 했다.

그러나 총명하고 예민한 이 아이에게서 그 창의력과 활력을 사라지게 할 수는 없었다. 하지만 아이는 아주 오랫동안 침묵을 지켜야만 했다. 어머니가 세상을 떠나고 난 뒤에야 비로소, 그는 예리한 관찰의 결과들을 발표하고, 자기가 살던 시대의 시민사회를, 그를 앞서 간 그 누구와도 비교가 안 될 정도로, 비판적으로 기술할 수 있었다. 하지만 그는 자기 어머니를 그 비판의 대상에 넣지 않았다. 그녀야말로 그가 비판한 시민사회의 전형적인 본보기였는데도 말이다.

프루스트는 어머니가 죽고 난 직후인 서른네 살에 시인 몽테스키우(Montesquiou)에게 보낸 편지에서 이렇게 썼다.

어머니는 내가 자기 없이는 살 수 없다는 것을 알고 있었어요. 이제 내 삶은 그 유일한 목적, 유일한 달콤함, 유일한 위안을 잃어버렸어요. 나는 마르지 않는 주의력을 가지고 평화와 사랑 속에서 나에게 삶의 만나[19]를 안겨준 분을 잃었어요. (…) 나는 고통에 빠져 있어요. (…) 어머니를 돌봐준 간호사가 말했듯이, 어머니에게 나는 항상 네 살짜리 아이에 지나지 않았어요.[20]

어머니에 대한 사랑을 서술한 이 글에는 결코 벗어날 수 없었고, 끊임없는 감시에 대한 노골적인 저항을 절대 용납하지 않았던 어머니에 대한 프루스트의 비극적인 예속상태와 애착이 반영되어 있다. 그리고 이와 같은 곤경은 천식으로 표현되었다. "나는 공기를 지나치게 많이 들이마신다. 하지만 그것을 내뱉을 수가 없다. 어머니가 준 것은 무엇이든 내게 좋은 것임에 틀림없다. 비록 내가 그것 때문

---

[19] 이스라엘 백성이 광야에서 하늘로부터 받은 양식.—옮긴이.
[20] Claude Mauriac: *Marcel Proust*. Mit Selbstzeugnissen und Bilddokumenten. Aus dem Französischen übertragen von Eva Rechel-Mertens, Reinbek bei Hamburg: Rowohlt Taschenbuch Verlag [17]2002[1958], S. 10에서 인용.

에 질식해 죽는다고 해도 말이다."

 그의 어린 시절 이야기로 한 번만 눈길을 돌려보면 이러한 비극의 원인이 훤히 드러난다. 어머니 때문에 고통스러워하는 것이 확실한데도 프루스트가 거기에서 벗어나지 못하고 그토록 오랜 세월 동안 필사적으로 그녀에게 매달린 이유가 밝혀진다.

 프루스트의 부모는 1870년 9월 3일에 결혼하여 1871년 7월 10일 첫아들인 마르셀을 낳았다. 그날 그가 태어난 오퇴유(Auteuil)의 밤은 매우 불안했다. 주민들은 프로이센의 침공을 받은 충격에서 벗어나지 못하고 있었다. 그의 부모는 당시에 사람들 사이에 널리 퍼져 있던 신경과민상태에서 완전히 벗어나 갓난아기에게만 사랑을 듬뿍 쏟을 정신적 여유를 가질 수 없었을 것이다. 이는 누구나 쉽게 상상할 수 있는 일이다. 갓난아기의 몸이 이런 불안을 감지하여 부모가 자기를 환영하지 않는 것 같다는 의심을 품었으리라는 것도 쉽게 짐작할 수 있다.

 이러한 상황에서는 분명히 아이에게 당시에 실제로 받았던 것보다 더 큰 안도감이 필요했을 것이다. 그와 같은 안도감이 부족할 때, 경우에 따라서 갓난아기는 극도의 공포를 느낄 수도 있다. 그런데 훗날 이 공포는 아이의 어린 시절에 커다란 부담감으로 작용하게 된다. 아마 마르셀의 경우도 그랬을 것이다.

 어린 시절 내내 그는 어머니가 잘 자라고 인사하며 입맞춤해주지 않으면 잠이 들지 못했다. 그의 부모와 주위의 모든 사람들은 이런 버릇을 귀찮고 좋지 않은 습관으로 받아들였지만, 그럴수록 마르셀은 어머니에게 더 잠자리의 입맞춤을 요구했다. 아이들이 다 그렇듯이, 마르셀은 어머니의 사랑을 무조건 믿고 싶어했다. 하지만 어쩐지 그는 태어난 직후에 느꼈던, 어머니의 뒤섞인 감정들에 대한 기억을 되살아나게 하는 몸의 기억에서 벗어나지 못한 듯했다. 잠자리에서 어머니의 인사를 받으면 이 최초의 육체적인 지각이 해소되는 듯했지만, 이튿날 밤이면 다시 의혹이 고개를 쳐들었다. 특히 밤이면 밤마다 끊임없이 응접실을 찾아오는 손님들은, 어머니에게는 자기보다 상류 시민사회의 수많은 남녀들이 더 중요하다는 느낌을 아이에게 불러일으킬 수 있었다.

그들과 비교할 때, 그는 참으로 보잘것없는 어린 아기에 지나지 않았다. 그러므로 마르셀은 그렇게 침대에 누워 그토록 바라 마지않던 사랑의 신호가 찾아오기를 기다렸다. 하지만 그때마다 돌아온 것은, 아들이 착하게 굴고 고분고분하고 '여느 아이처럼 보이기' 바라는 어머니의 잔소리뿐이었다.

훗날 성인이 되어 마르셀은 자기에게서 어머니의 사랑을 빼앗아간 곳이라고 생각했던 그 세계를 탐험하기 시작했다. 처음에는 몸소 사교계의 신사가 되어서, 그리고 어머니가 세상을 떠난 뒤에는 상상 속에서 탐구를 계속했다. 그는 전례 없는 정열, 정밀함, 그리고 감수성을 가지고 그 세계를 묘사했다. 마치 다음과 같은 질문에 대한 답을 얻기 위해 거창한 여행을 떠난 것처럼 말이다. '왜 엄마는 나보다 이 모든 사람들에게 더 큰 관심을 보이는 걸까? 그들의 천박함과 속물근성이 눈에 보이지 않아서일까? 왜 엄마한테는 내 삶, 엄마를 그리는 내 마음, 엄마에 대한 내 사랑이 그렇게 하찮은 의미밖에 지니지 못하는 걸까? 왜 엄마는 날 귀찮아하는 걸까?'

만약 의식 속에서 자신의 감정을 인지할 수 있었더라면 아마도 아이는 그런 생각을 품었을지도 모른다. 하지만 마르셀은 용감한 소년이 되어 문제를 일으키고 싶지 않았다. 그래서 자기 어머니의 세계로 들어갔고, 그러자 이 세계가 그를 매혹하기 시작했다. 모든 예술가가 다 그렇듯이 프루스트는 작품 속에서 그 세계를 자유롭게 형상화하고 마음껏 비판할 수 있었다. 그런데 이 모든 일을 그는 침대에 누워서 했다. 마치 병상이 그 엄청난 폭로의 결과에 대해, 다시 말하면 두려워 마지않았던 처벌로부터 자기를 보호해줄 능력을 가지고 있기라도 한 것처럼, 그는 침대에 누워 상상의 여행을 떠났다.

작가는 현실 속의 부모에게는 결코 드러내지 못할 그런 진정한 감정을 소설 속 인물들을 통해서 표현할 수 있다. 클로드 모리악(Claude Mauriac)은 마르셀 프루스트의 전기를 쓰면서, 다른 무엇보다도 사후에 출간된 청소년 소설 《장 상퇴유》를 그의 청소년기에 대한 자료로 인용했다. 이 소설에서 마르셀 프루스트는 자기가 겪었던 어려움을 훨씬 더 직접적으로 표현했다. 다시 말해 부모가 자기를 기피하는 것을 알고 있었다는 사실을 우리에게 말해주고 있는 것이다. 이 소설에서 그는,

> 이 아들의 본성 속에, 건강상태 안에, 슬픔에 경도된 그의 특성 속에, 낭비벽 속에, 게으름 속에, 삶에 자리를 잡지 못하는 무능력 속에, 지능의 낭비 속에 (…) 똬리를 틀고 있는 거대한 불행의 가능성.[21]

---

[21] Marcel Proust: *Jean Santeuil*. Aus dem Französischen übersetzt von Eva Rechel-Mertens; revidiert und ergänzt von Luzius Keller, Frankfurt a. M.: Suhrkamp 1992, S. 1051.

에 대해서 언급했다.

또 같은 소설에서 그는 어머니에게 반항하는 모습을 보여주었다. 하지만 그것은 늘 주인공 장의 이름으로만 이루어졌다.

자기 자신에 대한 그의 분노가 부모에 대한 분노를 더 키웠다. 그의 불안, 이 끔찍한 무위, 흐느낌, 편두통, 불면의 원인은 바로 부모였다. 그 때문에 그는 부모에게 못된 짓을 저지르고 싶은 마음이 굴뚝같았다. 아니면 어머니가 들어올 때 저주를 퍼부으며 맞이하는 대신에, 자기는 공부를 포기했고 매일 밤 다른 곳에서 잠을 잘 것이며 아버지를 바보로 생각한다는 말을 해주고 싶었다. (…) 이것은 모두 마구 대들고 싶고, 어머니가 자기에게 저지른 해악에 대해 조금이나마 앙갚음하기 위해 정곡을 찌르는 말을 퍼붓고 싶은 욕구 때문이었다. 그러나 차마 입 밖에 낼 수가 없어 마음에 담아두었던 이 말들이 해독 불가능한 독약처럼 그의 몸 구석구석으로 파고들었다. 두 발과 두 손이 떨리며 허공에서 경련을 일으켰다. 그 말[言]들은 먹잇감을 찾고 있었다.[22]

어머니가 세상을 떠난 뒤, 그는 이와 반대로 사랑에 대해서만 언급했다. 의혹과 절실한 감정에 젖어 있던 그의 진정한 삶은 도대체 어디로 간 것일까? 그것은 모두 예술로 변형되었다. 그리고 이렇게 현실에서 도피한 대가를 그는 천식으로 치렀다.

1903년 3월 9일에 '어머니에게 보낸 편지'에서 마르셀은 이렇게

---
[22] 위의 책, 362쪽.

썼다. "저는 즐거움을 바라는 것이 아니에요. 즐거움을 포기한 지는 오래되었어요."[23] 그리고 1903년 12월에는, "하지만 적어도 저는 어머니의 뜻에 따른 인생의 계획을 가지고 밤을 이겨내고 있어요."[24] 라고 썼다. 그리고 같은 편지의 뒷부분에서는 "어머니 눈 밖에 나서 발작이 멈추느니, 차라리 발작이 나더라도 어머니 마음에 드는 아들이 되고 싶어요."[25]라고 썼다. 다음은 1902년 12월 초에 프루스트가 쓴 편지에서 인용한 것이다. 여기에서는 몸과 도덕의 갈등이 매우 특징적으로 드러난다.

제가 건강하게 지내기가 무섭게 어머니는 모든 것을 파괴해요. 그러면 결국 저는 다시 힘들어지고요. 이건 진실이에요. 제가 더 건강하게 생활하는 모습이 어머니를 자극하기 때문일 거예요. (…) 하지만 어머니에게 애정도 받고, 동시에 건강도 유지하는 것이 불가능하다는 것은 저에겐 슬픈 일이에요.[26]

홍차에 담근 프랑스식 과자 마들렌에 대한 프루스트의 유명한 기억은, 보기 드문 행복한 순간에 대해 이야기해주는 장면이다. 그 순간 프루스트는 어머니 곁에서 포근함과 안도감을 느꼈다. 열한 살

---

[23] Marcel Proust: *Briefwechsel mit der Mutter*. Ausgewählt und übersetzt von Helga Rieger. Mit einem Nachwort und Anmerkungen von Philip Kolb, Frankfurt a. M.: Suhrkamp 1970, S. 109.
[24] 위의 책, 122쪽.
[25] 위의 책, 123쪽.
[26] 위의 책, 105쪽.

때, 그는 흠뻑 젖은 몸으로 덜덜 떨면서 산책에서 돌아왔고 어머니는 그를 껴안아주며 마들렌과 뜨거운 홍차를 주었다. 꾸중 한마디 없었다. 어쩌면 어머니의 그런 행동은 아이에게 죽음에 대한 공포를 잠시 덜어주기에 충분했을 것이다.

태어난 이후로 그의 몸속에 잠재해 있던 이 공포는 과연 자기가 부모가 바라던 아이였는가에 대한 불안과 관계가 있다. 부모의 잦은 꾸지람과 비난은 그에게 잠복해 있던 불안을 끊임없이 일깨워주었다. 영리했던 아이는 이렇게 생각했을 것이다. '난 엄마에게 천덕꾸러기야. 엄마는 내가 달라지길 원해. 틈만 나면 그런 모습을 보이고, 걸핏하면 입으로도 그런 소리를 하고.' 마르셀 어린이는 그것을 말로 표현할 수는 없었을 것이다. 그의 불안의 근원이 모든 사람들에게 감춰져 있었던 것은 바로 그 때문이다.

그는 홀로 방에 누워 어머니가 사랑을 증명해주고, 지금의 자기가 아닌 다른 자기를 원하는 이유에 대해 설명해주기를 기다렸다. 이런 현실 때문에 프루스트는 마음이 아팠다. 느낄 수 없을 정도로 그 고통은 너무나 컸다. 결국 이에 대해 캐묻고 질문을 던지는 일은 문학이라는 천명을 받아 예술의 영역으로 추방되었다. 마르셀 프루스트에게는 자기 삶의 수수께끼를 푸는 일이 허락되지 않았다. 나는 '잃어버린 시간'[27]을 잃어버린 그의 삶이라고 생각한다.

프루스트의 어머니가 그 당시에 살았던 평균적인 어머니들보다 더 나쁘거나 더 훌륭했던 것은 아니다. 그녀는 자기 나름의 방식으로

---

[27] '잃어버린 시간'은 마르셀 프루스트의 유명한 소설 제목《잃어버린 시간을 찾아서》에서 온 말이다.—옮긴이.

아들의 건강을 염려했다. 이는 의심의 여지가 없다. 그러나 나는 어머니로서의 그녀의 자질에 대해 온통 찬양만을 늘어놓는 전기 작가들의 합창에 합류할 수가 없다. 그들의 가치체계에 동의하지 않기 때문이다. 예를 들어 어떤 전기 작가는 그녀가 아들에게 자기희생이라는 미덕의 본보기를 보여주었다고 썼다. 프루스트가 자신의 즐거움을 누리지 못한 것은 사실이다. 아마도 어머니에게서 그렇게 배웠기 때문일 것이다. 그런데 나는 그와 같은 삶의 자세를 칭송할 만한 가치가 있는 행동이나 미덕으로 여기지 않는다.

모든 것에 대해 어머니에게 고마움을 느껴야 한다는 의무감, 어머니의 간섭과 억압에 대해 저항할 수 없다는 사실이, 그가 육체적으로 중병을 앓게 된 원인이었다. 그것이 마르셀 프루스트에게 도덕으로 내면화되어 어머니에 대한 반항을 억눌렀다.

만약 그가 작품의 주인공인 '장 상퇴유'를 시켜 말하게 했던 것처럼 일찍부터 자신의 이름으로 어머니와 이야기를 나눌 수 있었다면, 천식을 앓지도, 숨통이 막히는 발작에 시달리지 않았을지도 모른다. 또한 평생을 침대에 누워 보내지 않았을지도, 그토록 일찍 세상을 뜨지 않았을지도 모른다. '어머니에게 보낸 편지'에서 그는 분명하게 썼다. '그녀의 눈 밖에 나는 위험을 감수하느니 차라리 몸이 아픈 쪽을 택하겠다고.' 이런 식의 표현은 오늘날에도 드물지 않다. 이런 맹목적인 감정이 어떤 결과를 불러오는지에 대해서 우리는 상상하기만 하면 된다.

7
감정에 대한 저항
제임스 조이스

제임스 조이스는 취리히에서 열다섯 번이나 눈 수술을 받아야 했다. 보아서도, 또 느껴서도 안 되는 것이 있었기 때문이었을까? 만약 그렇다면 그것은 무엇이었을까? 조이스는 아버지가 세상을 떠난 뒤, 1932년 1월 17일에 자신의 후원자인 해리엇 쇼 위버(Harriet Shaw Weaver)에게 다음과 같은 편지를 보냈다.

아버님은 저에게 유별나게 큰 애정을 보여주셨습니다. 아버님처럼 단순한 분도 없었지만, 아버님에겐 무서울 정도로 약삭빠른 면도 있었습니다. 마지막 숨을 들이쉬는 순간에도, 아버님은 제 생각을 하며 제 이야기를 하셨습니다. 저는 아버님을 무척 좋아했습니다. 저 자신이 죄인이기 때문입니다. 저는 아버님의 잘못까지도 사랑했습니다. 제가 여러 작품에 수많은 인물들을 등장시키고, 그들을 무수히 많은 측면에서 그릴 수 있었던 것은 모두 아버님 덕분이었습니다. 덤덤하기도 하고, 또 걸쭉하기도 한 아버님의 재치와 얼굴표정 때문에 웃다가 배꼽이 빠질

뻔한 적이 한두 번이 아니었습니다.²⁸

제임스 조이스는 아버지를 이렇게 이상적으로 그렸다. 하지만 어머니가 세상을 떠난 뒤, 그가 1904년 8월 29일에 자기 아내에게 보낸 편지에는 이와 정반대의 내용이 들어 있다.

어릴 적 부모님과 살던 집을 생각한다고 해서 그것이 내게 무슨 즐거움을 줄 수 있겠소? (…) 어머니는 아버지에게 학대받았고, 긴 세월 동안 시름에 젖었으며, 내가 행동으로 보여준 노골적인 냉소를 감당하며 서서히 죽임을 당했소. 난 그렇게 믿어요. 관 속에 누워 있는 어머니의 얼굴, 암으로 망가진 그 잿빛 얼굴을 보면서 난 깨달았소. 내가 보고 있는 것이 한 희생자의 얼굴이라는 사실을 말이오. 난 어머니를 희생자로 만든 그 체제를 저주했소.²⁹ 우리 집은 형제자매가 열일곱 명³⁰이었소. 그런데 형제와 누이들은 나에게 아무런 의미가 없었소. 남자형제 가운데 나를 이해해준 사람은 오직 한 사람뿐이었다오.³¹

열일곱 명이나 되는 자녀의 어머니와 주먹을 휘두르는 술주정뱅이 아버지의 장남인 제임스 조이스가 겪었던 고통이, 사실을 있는 그대

---

28 James Joyce: *Briefe*. Ausgewählt aus der dreibändigen, von Richard Ellmann edierten Ausgabe von Rudolf Hartung. Deutsch von Kurt Heinrich Hansen. Frankfurt a. M.: Suhrkamp 1975, S. 223.
29 여기서 조이스는 자기가 이상화한 아버지가 아니라 체제를 증오한다고 쓰고 있다.
30 보편적으로 열다섯 명의 형제자매 중 열 명이 살아남았다고 알려져 있다.—옮긴이.
31 위의 책, 56쪽.

로 기술한 이 편지의 행간에 구구절절 묻어나고 있다. 하지만 조이스는 작품에서는 이러한 고통을 표현하지 않았다. 그 대신 우리가 작품 속에서 목격하는 것은 화려한 도발의 힘을 빌려 고통에 저항하는 모습이다. 자주 매를 맞았던 아이는 아버지의 익살스런 모습에 감탄한 나머지, 어른이 되자 이를 문학으로 소화 흡수했고, 그의 소설은 큰 성공을 거두었다. 내가 생각하기에 이와 같은 성공은 수많은 사람들이 문학뿐 아니라 삶에서도, 이처럼 감정에 저항하는 태도를 특별하게 평가한다는 사실에 기인한다. 나는《사랑의 매는 없다》에서 프랑크 맥코트(Frank McCourt)의 자전적인 소설《우리 어머니의 재 *Die Asche meiner Mutter*》를 예로 들어 이러한 현상에 대해 언급한 바 있다.

앞에서 열거한 작가들과 비슷한 운명을 겪은 사람들은 셀 수 없이 많을 것이다. 하지만 여기서 언급한 작가들은 세계적으로 이름이 널리 알려진 사람들이다. 그런 만큼 그들의 작품, 그리고 그들을 다룬 전기들의 도움을 받아 내 말의 진실성을 확인할 수 있을 것이다. 이 작가들에게 공통적으로 나타나는 현상은, 그들이 '네 번째 계명'에 충실했으며 자기들에게 무거운 고통을 안겨준 부모를 평생 존경했다는 것이다. 그들은 진실, 곧 자신에게 충실하고 싶은 욕구, 솔직하게 대화를 나누고 싶은 욕구, 이해하고 이해받고 싶은 욕구를 부모를 위해 희생했다. 부모에게 사랑받고, 더 이상 거절당하지 않으려는 희망 아래 이 모든 것을 희생한 것이다. 그들이 작품 속에 표현한 진실은 분열된 진실이다. '네 번째 계명'의 무게에 눌려 부정의 감옥에 갇힌 채, 그들은 사랑받고 싶은 욕구를 그렇게 간직하고 있었다.

하지만 이렇게 진실을 부정한 결과, 이 작가들은 심각한 질병에 걸려 때 이른 죽음을 맞이했다. 모세는 부모를 공경하면 더 오래 살 것이라는 말을 전해주었다. 하지만 이들이 겪은 삶은 모세가 근본적으로 틀렸다는 것을 새로이 입증해주고 있다. '네 번째 계명'은 명백한 위협만을 드러내고 있을 따름이다.

한때 자기를 학대했던 부모를 평생 이상화하면서도 오래 사는 사람들이 분명히 많이 있다. 물론 우리는 그들이 그 거짓을 어떻게 극복했는지 알지 못한다. 그들은 그 거짓의 대부분을 바로 다음 세대에 무의식적으로 떠넘겼다. 우리는 여기 언급된 작가들이 그와는 반대로 자신의 진실을 어렴풋이 의식하기 시작했다는 사실을 인지할 수 있다. 그러나 고립된 가운데, 늘 부모를 두둔하는 사회에 살면서, 그들은 감히 진실을 부정하는 태도를 극복하려는 용기를 낼 수가 없었다.

사회의 압력이 얼마나 강력한 영향을 미치는가에 대해서는 누구나 확인할 수 있다. 어떤 사람이 어머니가 자기를 가혹하게 대했다는 사실을 어른이 되고 난 뒤에야 깨닫고, 그에 대해 솔직하게 이야기한다고 치자. 그는 사방에서, 심지어는 심리요법을 받을 때에도, 이런 소리를 듣게 될 것이다. "어머니도 힘들었을 거예요. 다 당신을 위해서 그랬던 것이고요. 당신 어머니를 비난하며 흑백논리로 재단하고 단면적으로만 보면 안 돼요. 이상적인 부모는 없거든요." 등등의 소리를 말이다.

우리는 그렇게 이야기하는 사람들이 사실은 자기 자신의 어머니를 변호하고 있다는 인상을 받는다. 그 사람은 절대로 그들의 어머니를 비난하지 않았는데도 말이다. 그는 단지 자신의 어머니에 대해 이야기했을 뿐이다. 이와 같은 사회의 압력은 우리가 생각하는 것보다 훨씬 더 강력하다. 그렇기 때문에 내가 바라는 것은, 내가 작가들에 대해 이야기한 내용을 비난이 아니라, 다시 말하면 그들에게 용기가 부족했다고 하는 비판이 아니라, 어찌 보면 고립된 가운데 진실을 느꼈을 텐데도 차마 받아들일 수는 없었던 인간들의 비극으로 이해해주었으면 하는 것이다. 이러한 고립이 줄어들기를 바라는 희망을 품고, 나는 이 책을 쓰고 있다.

우리는 심리요법에서 오늘의 어른이 한때 거쳐 온 그 어린 아이의 고독과 드물지 않게 마주치곤 한다. 그 이유는 심리요법 또한 '네 번째 계명'의 독재 아래 이루어지고 있기 때문이다.

제2부

몸의 메시지

당신에게 어린 시절에 대한 기억이 없다는 것은,
마치 내용도 모르는 어떤 상자를
몸에 지니고 다니라는 판결을 받은 것이나 진배없다.
그리고 나이가 들수록 당신에겐
그 상자가 그만큼 더 무겁게 느껴질 것이다.
날이 갈수록 점점 더 견딜 수 없게 되면,
당신은 결국 그것을 열게 될 것이다.

—유렉 베커(Jurek Becker)[32]

∽

제1부에서 기술한 작가들이 겪었던 운명은 지난 세기의 일이다. 그렇다면 그 이후로 무엇이 변했을까? 당시에 아동학대의 희생자였던 많은 사람들이 오늘날 그 학대의 결과에서 벗어나기 위해 심리요법을 받고 있는 것을 제외하면, 사실 변한 것은 그리 많지 않다. 그런데 그 희생자들과 마찬가지로 심리요법 전문가들조차도 어린 시절의 진실을 온전하게 있는 그대로 바라보는 것을 꺼릴 때가 많다. 그렇기 때문에 그들이 그 영향에서 벗어나는 경우는 아주 드물다. 어찌 되었든, 심리요법 환자에게 자신의 감정을 경험할 수 있게 해주면 단기적으로는 증상이 나아질 수도 있다. 그는 자신의 감정을 느낄 수가 있고, 다른 사람 앞에서 그것을 표현할 수도 있게 된다. 옛날 같았으면 절대 있을 수 없는 일이다.

---

32 유렉 베커는 어린 시절에 라벤스브뤽(Ravensbrück)과 작센하우젠(Sachsenhausen)의 나치 강제수용소에 수용되었으나, 이에 대한 기억이 조금도 남아 있지 않았다. 어머니의 보살핌 덕분에 강제수용소의 극단적인 잔인무도함을 견디고 목숨을 건질 수 있었던 베커는 평생 동안 어릴 적 그 소년을 찾아다녔다.

그런데 심리요법 전문가 자신이 (부모와 같은 존재인) 여러 신, 다시 말하면 야훼, 알라, 예수, 공산당, 프로이트, 융 등과 같은 존재에 예속되어 있는 경우에는, 독립을 꾀하려는 환자에게 도움을 줄 수 없다. '네 번째 계명'이라는 도덕이 심리요법 전문가와 환자, 이 두 사람을 계속 구속하는 상황이 자주 발생하기 때문이다. 그럴 경우에는 환자의 몸이 이 희생에 대한 대가를 치르게 된다.

지금 내가, 우리는 이러한 희생을 치를 필요가 없고, 도덕과 '네 번째 계명'의 독재에서 벗어날 수 있으며, 그 대가로 처벌을 받을 필요도 없고, 그 때문에 다른 사람에게 해를 끼치는 일도 없다고 주장하면 어떻게 될까? 사람들은 그런 나를 향해 순진한 낙관주의에 젖어 있다고 비난할지도 모른다. 과거에 생존을 위해 받아들일 수밖에 없었던 속박에 매달려 평생을 살아왔고, 이제 와서는 이러한 속박 없는 삶이라는 것을 도무지 상상할 수 없는 사람에게, 거기서 벗어날 수 있다는 것을 내가 어떻게 증명할 수 있겠는가?

내 과거의 암호를 해독한 덕분에, 나는 이러한 자유에 도달할 수 있었다고 말할 때마다, 나의 사례는 좋은 예가 못된다는 사실을 인정하지 않을 수 없다. 지금 내가 서 있는 자리에 오기까지 무려 40년이 넘는 세월이 흘렀기 때문이다. 하지만 다른 사례들이 있다. 나는 나보다 훨씬 더 짧은 시간 안에, 기억을 새로이 끄집어내어 진실을 찾아냈고, 그 덕분에 자폐증과 같은 은신처를 벗어나는 데 성공한 사람들을 알고 있다. 지난날 그들은 그 은신처에 숨어서라도 자신을 보호할 수밖에 없었다.

내 경우는 그 여행을 하는 데 매우 오랜 시간이 걸렸다. 수십 년 동안 혼자서 그 길을 거슬러 올라가야만 했고, 마지막에 가서야 비로소 내게 필요한 동반자를 찾아냈기 때문이다. 나는 자유를 찾아가는 도중에 많은 사람들을 만났는데, 그들에게도 자신의 과거를 밝히는 일이 다른 무엇보다 중요했다. 그들은 무엇 앞에서 자신을 보호해야 했고, 무엇이 자기에게 불안을 안겨주었으며, 이러한 불안과 이른 어린 시절에 겪은 무서운 상처가 자신의 전 생애에 어떠한 영향을 끼쳤는지 이해하고 싶어했다. 그들도 나와 비슷하게, 전통적인 도덕의 독재에 맞서 싸우며 앞으로 나아갈 수밖에 없었다. 하지만 그들이 혼자서 그 싸움을 벌인 경우는 극히 드물었다. 이미 책들이 있었고, 이 해방의 길을 쉽게 걸을 수 있게 해준 집단들이 있었다. 자신의 깨달음을 확인하고 나서야 그들은 혼란에서 벗어날 수 있었다. 또 진실에 가까이 다가갔을 때는, 격한 분노와 놀라움이 치밀어 올라오는 것을 과감히 받아들일 수 있었다.

 헨리크 입센은 우리 사회의 기둥에 대해 이야기한 적이 있다. 그는 그 말을 '이 사회의 허위에서 이득을 취하는 강자들'이라는 의미로 사용했었다. 나는 앞으로 다가올 의식 있는 사회에서는, 자신의 과거를 인식하고 강요된 도덕의 허위에서 해방된 사람들이 사회의 기둥에 속하게 될 것이라고 기대한다. 삶의 출발점에서 우리에게 일어난 일에 대한 의식이 없다면, 내가 보기엔 모든 문화활동도 한바탕 익살극에 지나지 않는다.

 작가들은 좋은 문학작품을 쓰고 싶어한다. 그러면서도 자신의 창의성, 곧 표현과 의사소통을 향한 열망의 무의식적 근원을 인식하려고 노력하지는 않는다. 대부분의 작가들은 그렇게 하다가 자신의 창의력을 잃게 될까 두려워한다. 그리고 나는 화가들에게서도 그와 같은 불안을 발견하곤 한다. 심지어는 프랜시스 베이컨(Francis Bacon)[33], 히에로니무스 보슈(Hieronymus Bosch)[34], 살바도르 달리(Salvador Dalí), 그리고 다른 많은 초현실주의자들처럼 (내가 보기에) 그림 속에 자신의 무의식적 불안을 아주 선명하게 묘사한 화가들도 이와 다르지 않다. 그림을 통해 의사소통을 추구하면서도, 그들은 어린 시절의 체험을 부인하고 은폐하는 차원에서 벗어나지 못했다. 그 자체가 예술이라는 이름으로 불리기 때문이다.

예술가의 생애를 사람들의 눈길이 닿는 곳으로 끌어내는 것은 문화활동의 금기에 속한다. 하지만 내가 보기에 예술가의 마음을 움직여 계속 새로운 표현 형식을 향해 나아가게 하는 것은, 바로 예술가 자신이 의식하지 못하고 있는 자신의 과거이다.[35] 이 과거는 그 자신과 우리 사회 앞에 감춰져 있어야 한다. 그것이 어린 시절의 가정교육에서 경험한 고통의 정체를 겉으로 드러낼 수 있고, 그렇게 되면 "네 부모를 공경하라."는 계명이 지켜지지 않을지도 모르기 때문이다.

이렇게 진실 앞에서 도피하는 일에 거의 모든 사회제도가 합세하고 있다. 그리고 이 제도들을 관리하는 것은 인간이다. 또한 어린 시절이라는 말은 모든 사람에게 불안을 안겨준다. 의사의 진료실, 심리요법 전문가와 변호사의 상담실, 법정, 심지어는 대중매체에서까

---

[33] 더블린 출생의 영국 화가로 초상화를 주로 그림.—옮긴이.
[34] 네덜란드 화가.—옮긴이.
[35] Alice Miller: *Du sollst nicht merken. Variationen über das Paradies-Thema*, Frankfurt a. M.: Suhrkamp, rev. Aufl. 1998. 참고.

지, 우리는 가는 곳마다 이 불안과 마주치게 된다.

　내가 한 서점에 마지막으로 들렀을 때, 그곳 여자 직원은 나에게 아동학대를 다룬 텔레비전 프로그램에 대해 이야기해주었다. 어린이를 잔인하게 학대한 대단히 끔찍한 사례들과 함께, 이른바 '뮌히하우젠―어머니' 사건도 방영되었다고 했다. 사건 속의 어머니는 병원의 간호사였는데, 자기 자녀들을 데리고 의사를 찾아갈 때 보면, 매우 다정하고 아이들 걱정을 많이 하는 어머니처럼 행세했다. 그러나 집에서는 약을 이용하여 고의적으로 아이들에게 병을 퍼뜨리고, 끝내는 그들을 죽음에 이르게 했다. 물론 처음에는 아무도 그녀를 의심하지 않았다.

　나와 서점에서 이야기를 나누던 그 직원은 몹시 분개했는데, 토론에 참가한 전문가들이 마치 이런 사건은 어쩔 수 없는 일이라는 듯이, 그런 어머니가 존재하게 된 원인에 대해서는 단 한마디도 언급하지 않았기 때문이다. "왜 그들은 진실을 말하지 않았을까요?" 그 직원이 내게 물었다. "이런 어머니들은 과거에 심하게 학대를 받았으며, 자기가 과거에 겪었던 일을 범행을 통해 되풀이하고 있다는 것을, 왜 이 전문가들은 말하지 않았을까요?" "만일 알고 있었다면 전문가들도 말을 했을 거예요. 내가 보건대 그들은 그걸 몰라요." 내가 대답했다. "전문가가 아닌 나도 그걸 알고 있는데 어떻게 그럴 수가 있어요?" 그녀가 내게 물었다. "책 몇 권만 읽어봐도 충분히 알 수 있거든요. 책을 읽은 뒤로 나와 우리 아이들 관계가 크게 변했어요. 어떻게 전문가라는 사람이 '다행히 그와 같은 극단적인 아동학대는 매우 드문 일이고, 사람들로서는 그 원인을 이해할 수가 없다.'는 말을 할 수가 있지요?"

　나와 대화를 나누던 서점 직원의 태도를 보면서 나는 반드시 책을 써야겠다고 다짐했다. 비록 그 책을 읽고 많은 사람들이 마음의 짐을 덜 수 있게 되기까지는 오랜 시간이 걸리더라도 말이다. 벌써 나는 적지 않은 사람들이 자신의 경험을 통해서 그 사실을 확인하게 될 것이라는 점을 믿어 의심치 않는다.

　나는 이른 어린 시절의 중요성에 대해 내가 알고 있는 사실을 바티칸에 전하려고 노력했다. 그리고 그 과정에서, 생애 초기에 진실하고 자연스런 감정을 대단히 강하게 억압하는 법을 배운 탓에 삶 전체에 걸쳐 그에 대한 흔적이 전혀 남아 있지 않아 보이는 남자와 여자들에게, 자비의 감정을 일깨우기란 불가능하다는 것을 알게 되었다. 그들에겐 다른 사람들의 감정에 대한 호기심도 더 이상 남아 있지 않았다. 어린 시절에 정신적으로 학살을 당한 사람들은, 하느님에게 기도드릴 권리만이 허용된 내면의 은신처 속에 살고 있는 것처럼 보인다. 그들은 그 은신처에 책임을 떠넘기며, 무슨 실수라도 저질러 사랑하는 하느님에게 처벌받는 일이 발생하지 않도록 얌전하게 교회의 지시에 따르고 있다.

　사담 후세인이 체포된 지 얼마 지나지 않아서, 그때까지는 공포의 대상이었던 파렴치한 독재자에 대한 동정의 목소리가, 바티칸의 자극을 받아 갑자기 전 세계적으로 높아졌다. 하지만 나는 독재자에 대해 판단을 내릴 때는, 단순하게 개별 인간에 대한 흔해 빠진 동정심에서 출발할 수는 없으며, 그가 저지른 행위를 망각해서도 안 된다고 생각한다.

사담 후세인은 1937년 4월 28일, 한 농민 가정에서 태어났다. 이 가족은 티크리트(Tikrit) 근처의 찢어지게 가난한 환경에서 땅 한 뙈기 없이 살았다. 전기 작가 유디트 밀러(Judith Miller)와 로리 밀로이(Laurie Mylroie)의 진술에 따르면, 후세인의 생부는 아이가 태어나기 직전, 아니면 직후에 아이 어머니를 떠났다고 한다. 그의 의붓아버지는 양치기였는데, 끊임없이 소년 후세인을 경멸하며 '후레자식'이나 '개자식'이라 불렀다. 또한 무지막지하게 매질을 가하거나 인정사정없이 괴롭혔다. 노예 신세나 다름없는 아이를 한껏 부려먹기 위해 열 살이 될 때까지 학교도 보내지 않았고, 한밤중에 아이를 깨워 양떼를 돌보게 했다.

이와 같이 감수성이 예민한 시기에, 모든 아이의 내면에서는 세계와 삶의 가치에 대한 표상이 형성되고, 마음속에서는 애타게 바라는 소망이 자라난다. 의붓아버지의 포로였던 사담 후세인의 경우에 이 소망은 오직 하나뿐일 수밖에 없었다. 그것은 바로 다른 사람에 대한 '무한한 권력'이었다. 추측건대 그의 머릿속에서는, 의붓아버지가 자기에게 가진 것과 같은 권력을 다른 사람에게 발휘하게 되면, 그때 비로소 도둑맞은 자신의 존엄성을 되찾을 수 있을 것이라는 생각이 형성되었을 것이다.

어린 시절의 후세인에게는 다른 생각이란 결코 있을 수가 없었다. 그에게는 본보기가 되어줄 사람이 하나도 없었다. 오로지 전능한 의붓아버지와 그의 폭력에 적나라하게 노출된 희생자인 자기 자신뿐이었다. 훗날 성인이 된 후세인은 이러한 본보기에 따라 자기 나라의 전체주의적 구조를 조직했다. 그의 몸은 폭력 이외에 다른 어떤 것도 알지 못했다.

모든 독재자들은 어린 시절의 고통을 부정하려 하며, 과대망상증의 도움을 빌려 이를 망각하려고 노력한다. 하지만 인간의 무의식은 몸의 세포들 속에 자신의 역사를 빠짐없이 기록해두었다가, 어느 날 그에게 자신의 진실 앞에 마주 서도록 강요한다. 사담 후세인은 수십 억 달러의 돈을 들고, 하필이면 어린 시절 자기에게 아무런 도움도 주지 못했던 출생지 근처에서 몸을 숨기려고 했다. 그 지역은 자기를 전혀 보호해줄 수 없는 대단히 의심스런 곳이었는데도 말이다. 이러한 행동에, 탈출구가 없었던 그의 어린 시절이 반영되어 있으며, 또한 그의 반복충동이 확연하게 드러난다. 어린 시절에도 그에게는 탈출할 기회가 없었다.

독재자의 성격은 삶의 과정 속에서 변하지 않는다. 다시 말해 독재자는 저항을 받지 않는 한 자신의 권력을 파괴적으로 남용한다. 그리고 이는 자명한 사실이다. 의식적인 모든 행동 뒤에 은폐되어 있는, 그가 본래부터 가지고 있던 무의식적인 목적은 그대로 남아 있기 때문이다. 이를테면 어린 시절에 굴욕을 겪고도 부정했던 것을 권력의 힘을 빌려 없었던 일로 되돌리려는 목적 같은 것이 말이다. 하지만 이런 목적은 절대로 달성될 수가 없다. 당시에 받았던 고통을 부정하는 한 과거는 소멸되지도 극복되지도 않기 때문에, 독재자의 이런 시도는 반복충동 속에서 실패로 끝날 운명에 처할 수밖에 없다. 그리고 그 대가는 늘 새로운 희생자들이 지불하게 된다.

히틀러는 자신의 행동을 통해서, 아버지가 어린 자신을 어떻게 대했는가를 전 세계를 향해 보여주었다. 그의 아버지는 야멸치고, 무자비하고, 우쭐거리고, 가차없고, 거만하고, 비뚤어지고, 이기적이고, 근시안적이고, 무지한 사람이었다. 히틀러는 무의식적으로 아버지를 모방하면서, 그를 그대로 닮아갔다. 스탈린, 무솔리니, 차우셰스쿠, 이디 아민, 사담 후세인, 그리고 다른 많은 독재자들도 히틀러와 매우 비슷한 행동을 보였다. 사담 후세인의 전기는 그야말로 한 아이가 겪은 극단적인 모욕의 전형적인 예이다. 그리고 훗날 수천 명의 사람이 그가 겪은 굴욕에 대한 복수의 희생양이 되어 생명의 대가를 치를 수밖에 없었다. 이러한 사실을 통해 무언가를 배우려고 하지 않는 태도를 두고 괴기하다고 생각할 수도 있다. 그러나 이는 십분 설명 가능한 태도이다.

파렴치한 독재자는 과거에 매를 맞으면서 자란 아이의 마음속에 억압되어 있는 불안을 동원한다. 이 아이들이 아버지를 고발한다는 것은 불가능한 일이었고, 그것은 지금도 마찬가지다. 그리고 그렇게 고통을 받았으면서도 아이들은 아버지에게 충성을 다한다. 모든 독재자는 사람들이 갖가지 실마리를 붙들고 매달리는 이러한 아버지를 상징한다. 사람들은 이렇게 맹목적으로 매달리면, 언젠가는 그 아버지를 사랑을 베풀 줄 아는 사람으로 변화시킬 수 있을 것이라는 희망을 품고 있다.

가톨릭교회의 대표자들은 이러한 희망을 자극하여 사람들로 하여금 후세인에 대해 연민을 품게 했다. 2년 전 나는 몇 명의 추기경에게 간절히 도움을 요청한 바 있다. 아동체벌이 그 이후에 끼치게 될 피해를 바티칸에 제시하면서, 이 점에 대해 젊은 부모들을 계몽해달라고 부탁했다. 앞에서 이미 이야기했듯이, 나는 내가 편지를 보낸 추기경들 가운데 한 사람에게도 매 맞는 아이들에 대한 관심을 일깨우지 못했다. 비록 세계적으로 무시되고 있기는 하지만, 이것은 한시가 급한 문제였다. 그들은 최소한의 기독교적 자비도 보여주지 않았다. 그런데 오늘에 와서 그들은 자기들이 자비를 베풀 수 있음을 확실하게 보여주고 있는 것이다. 애석한 것은 그들이 그 자비를 학대받는 아이들이나 사담 후세인의 희생자들이 아니라, 바로 후세인에게 베풀고 있다는 사실이다. 이것은 후세인이라는 무시무시한 독재자가 상징하는 파렴치한 아버지상에 대해 자비를 베푸는 것이다.

매 맞고 고통을 당하고 모욕을 겪으면서 '간접 보호자'의 도움을 받아본 적이 없는 어린이들은, 일반적으로 부모와 같은 존재들이 저지르는 잔인함을 대단히 너그럽게 받아들이는 태도를 발전시킨다. 또한 학대받는 아이의 고통에 대해 노골적으로 무관심한 태도를 드러낸다. 자기 자신이 한때 그렇게 학대받는 아이였다는 사실에 대해 절대로 알려고 하지 않는다. 결국 그런 무관심한 태도 때문에 그들은 진실에 대해 눈을 뜨지 못한다. 그렇게 그들은 스스로 자신이 인간적인 의도를 갖고 있다고 굳게 확신하면서도, 악의 변호인이 되어간다. 그들은 어려서부터 진정한 감정을 억압하고 부정하는 법을 배울 수밖에 없었다. 자신의 감정이 아니라, 오로지 부모, 교사 그리고 교회의 권위자들의 지시에 자신을 맡기는 법을 배울 수밖에 없었던 것이다.

어른으로서 감당해야 할 과제가 있기 때문에, 이제 그들에게는 자신의 감정들을 인식하는 데 들일 시간이 더 이상 남아 있지 않다.

만일 그것들이 자기가 살고 있는 가부장적인 가치체계에 정확하게 들어맞는 감정들이 아니라면 말이다. 이를테면 여전히 파괴적이거나 위험하거나 간에 아버지를 동정하는 것이 그런 감정에 속한다. 독재자를 숭배하는 사람들에게 어린 시절에 체험한 고통에 접근할 수 있는 통로가 철저하게 차단되어 있는 경우에, 저지른 범죄의 규모가 더 클수록, 아마도 독재자는 더 큰 관용을 기대할 수 있을 것이다.

1
아동학대를 가벼이 여기는 사람들

몇 년 전부터 나는 '포럼 – 우리들의 어린 시절'에 실린 글들을 읽고 있는데, 다음과 같은 경험을 할 때가 많다. 요컨대 처음 글을 기고한 사람들은 대부분 자기는 이미 포럼에 실린 글을 많이 읽었다고 하면서, 과연 자기가 글을 쓸 곳에 쓰고 있는지 의심스럽다고 말한다. 그들은 본래 자기는 어린 시절에 학대를 받거나 고통을 겪지 않았으며, 이곳에서 그처럼 끔찍한 고통에 대해 알게 되었다는 것을 그 이유로 꼽는다. 자기도 가끔 매를 맞고 굴욕을 당하거나 모욕을 겪기는 했겠지만, 포럼에 참여하여 글을 기고한 많은 사람들이 겪었던 것과 같은 고통을 겪은 적은 결코 없었다고 주장한다.

그런데 시간이 지나면서 이 사람들도 자기 부모의 격앙된 행동에 대해 이야기를 하게 되는데, 그걸 들어보면 학대라고밖에는 달리 표현할 수가 없는 행동이고, 다른 사람들도 그렇게 느낀다. 하지만 그들 자신이 어린 시절의 고통을 직접 느끼기까지는 어느 정도 시간이 필요하다. 그리고 포럼 참여자들의 공감 덕분에, 그들은 서서히 자신의 감정을 인정할 수 있게 된다.

　이러한 현상에는 아동학대에 대한 전 세계 사람들의 태도가 반영되어 있다. 고작해야 그들은 아동학대를, 더없이 좋은 의도를 가지고 있는 부모가 아이를 양육하다가 힘에 부친 나머지 저지른 고의 아닌 실수쯤으로 여긴다. 이것은 아버지가 일자리를 잃거나 일에 지치다 보니 주먹을 뻗게 되었다고 말하거나, 어머니가 옷걸이가 부서지도록 아이들을 때린 이유가 결혼생활이 주는 스트레스에 있다고 설명하는 것과 하나도 다를 바 없다. 그와 같이 얼토당토않은 설명이 통하는 이유는, 우리의 도덕이 옛날부터 어른의 편에 서서 아이를 억압해왔기 때문이다. 이런 관점을 가지고 어린이의 고통을 인지하기란 불가능한 일이었다.

　사람들이 자신의 고통에 대해 이야기할 수 있는 포럼을 만들겠다는 내 아이디어는 이러한 현실을 꿰뚫어본 데서 비롯된 것이다. 나는 그들이 시간이 갈수록 그런 이야기를 통해 한 어린이가 사회의 도움 없이 견디고 살아야 하는 것이 어떤 것인지 보여줄 것이라고 기대한다. 이러한 고백 덕분에 우리는 그 고통이 어떻게 증오로 변하고, 또 그 증오의 결과 처음에는 아무 죄도 없는 어린이가 훗날 어른이 되어, 이를테면 한 미치광이의 광기를 행동으로 옮기고, 끔찍한 대학살을 조직하고 찬성하며, 실행하고 옹호하고 잊어버릴 수 있게 되는지 이해할 수 있게 될 것이다.

　그런데 어린 시절의 어떤 특징, 어떤 학대, 어떤 모욕 때문에 지극히 정상적인 어린이들이 괴물이 되었는지에 대한 물음에 대해 세상은 여전히 눈길을 피하고 있다. 괴물들뿐만 아니라, 노여움과 분노의 감정을 자기 자신에게 표출하여 병에 걸린 사람들도, 한때 자기를 엄하게 훈육했던 부모를 모든 비난에 맞서 두둔한다. 그들은 학대가 자기에게 어떤 피해를 끼쳤는지 알지 못한다. 다시 말해 자기가 그 학대 때문에 어떤 고통을 겪었는지 알지 못하며, 또 알려고도 하지 않는다. 그들은 그 학대를 자기가 잘되라는 뜻으로 베풀어준 선행으로 간주한다.

자가 치료를 돕는 안내책자들과 치료에 대해 안내하는 광범위한 문헌들 속에서도 명확하게 어린이의 편을 들어주는 주장은 거의 찾아볼 수가 없다. 그런 책들은 독자들에게 희생자의 역할에서 물러나라고, 원만하지 못한 자신의 인생에 대해 그 누구도 원망하지 말라고 말한다. 또한 자기 자신에게 충실함으로써 과거에서 해방되고 부모와 좋은 관계를 유지하라고 충고한다. 이런 충고들 속에서 나는 '부정의 교육'과 전통적인 도덕의 모순을 확인한다. 또 한때 고통받던 아이를 혼동과 과중한 도덕적 요구 속에 방치함으로써, 경우에 따라서는 평생 동안 어른으로 성장하지 못하게 만들 위험도 발견한다.

어른이 된다는 것은, 진실을 거부하지 않으며, 억압했던 고통을 자기 안에서 느끼고, 몸이 감정적으로 알고 있는 과거를 정신적으로도 받아들여 더 이상 억압하지 말고 통합해야 한다는 것을 의미한다. 그 이후에 부모에 대한 관계가 유지될 수 있을지 없을지는 주어진 상황에 따라 달라진다. 하지만 이때 반드시 해야 할 일이 있다. 사람들은 사랑이라고 하지만 결코 사랑이 아닌, 지금 마음속에 내면화되어 있는 어린 시절의 부모에 대한 애착, 곧 사람을 병들게 하는 애착에서 벗어나야 한다. 이 애착은 감사와 연민, 기대, 부정, 환상, 복종, 불안, 처벌에 대한 두려움과 같은 다양한 요소들로 구성되어 있다.

어떤 사람들은 자기가 받은 심리요법이 효과가 있었다고 말하고, 어떤 사람들은 수십 년에 걸쳐 정신분석이나 심리요법을 받았으면서도 여전히 증세에서 벗어나지 못한다. 이에 대해 나는 오래전부터 관심을 갖고 있었는데, 긍정적인 치료 효과를 거둔 모든 경우를 통해 다음과 같은 사실을 분명히 확인했다. 자기가 겪은 과거를 캐내 부모가 저지른 행동에 대한 분노를 명확하게 드러낼 수 있게 해준 동반자를 만났을 때, 사람들은 학대받던 아이의 파괴적인 애착에서 벗어날 수 있었다. 그들은 어른으로서 자신의 삶을 더 자유롭게 꾸려나갈 수 있었고, 부모를 미워할 필요가 없었다.

하지만 심리요법을 받으면서 용서를 독촉받고, 용서를 해야 실제로 치료효과를 거둘 수 있다고 믿었던 사람들은 그렇지 못했다. 이들은 부모를 사랑한다고 생각하지만, 근본적으로는 마음속에 내면화된 부모가 계속해서 자신의 삶을 간섭하고 (병이라는 형태로) 파괴하게 내버려두는 어린이의 상태에 사로잡혀 있었다. 그와 같은 예속상태는 결국 증오를 조장한다. 그리고 이 증오는 억압당한 상태에서도 활동을 계속하면서 무고한 사람들을 공격하도록 그들을 충동한다. 자기가 무력하다고 느끼는 한, 우리는 증오밖에 할 것이 없다.

나는 이런 나의 주장을 뒷받침해주는 편지를 수백 통이나 받았다. 예를 들어 파울라라는 이름을 가진 어떤 여성은 내게 이런 편지를 보냈다. 그녀는 스물여섯 살인데, 알레르기를 앓고 있다고 했다. 어린 시절에 그녀의 삼촌은 집에 찾아올 때마다 성적으로 치근거리고, 다른 가족들이 있는데도 태연하게 파울라의 가슴을 만지곤 했다. 그런데 그녀에게 관심을 기울이고, 찾아올 때마다 그녀를 돌봐준 사람은 그 삼촌밖에 없었다. 아무도 그녀를 보호해주지 않았다. 파울라가 하소연할 때마다, 부모는 그녀가 직접 나서서 삼촌이 그런 짓을 못 하게 해야 한다고 말했다. 부모는 그녀를 보호해주기는커녕, 오히려 파울라에게 책임을 씌웠다.

그런데 그 후 그 삼촌이 암에 걸렸을 때의 일이다. 애당초 파울라에게는 그를 찾아가고 싶은 마음이 없었다. 노인이 된 삼촌에게 몹시 분노하고 있었기 때문이다. 그런데 심리요법 전문가는 그녀에게 삼촌을 찾아가지 않으면 나중에 후회하게 될 것이라고 했다. 전문가는, 이제는 가족에게 화를 품고 있을 필요가 없다고 하면서, 그래봐야 그녀에게 아무런 도움이 되지 않는다고 말했다. 결국 파울라는 삼촌을 찾아갔고, 분노의 감정을 억눌렀다. 그런데 삼촌이 죽고 난 직후에 이 추행에 대한 기억으로부터 뭔가 전혀 다른 것이 나타났다. 파울라는 죽은 삼촌에게 심지어 사랑의 감정을 느끼기까지 했다. 심리요법 전문가는 그녀의 반응을 만족스러워했다. 그녀 또한 자신이 만족스러웠다. 그 사랑이 자기를 이른바 증오와 알레르기로부터 구해주었다고 믿었기 때문이다.

그런데 어느 날 느닷없이 심한 천식 발작이 찾아왔다. 파울라는 호흡곤란에 시달렸으나 왜 천식이 발병했는지 도무지 이해할 수가 없었다. 자신은 결백하다는 느낌이 들어서 삼촌을 용서할 수 있었고, 이제는 그를 원망하지 않았기 때문이었다. 그런 마당에 이제 와서 또 무슨 벌을 받는가 싶었다. 파울라는 이전에 삼촌에게 분노와 노여움을 품었던 것에 대한 벌로 천식이 발병한 것이라고 여기고 있었다. 그러던 차에 내가 쓴 책을 읽게 되었는데, 천식이 발병한 것도 있고 해서 나에게 편지를 쓴 것이었다. 그녀는 삼촌에 대한 그 '사랑'을 버리자마자 천식이 사라졌다고 했다. 이것이 바로 '사랑 대신 복종'을 요구한 결과가 어떤 것이었는지를 보여주는 좋은 사례이다.

다른 한 여성은 몇 년 동안 정신분석 치료를 받았는데도 다리의 통증이 가시지 않자 아무래도 이상한 생각이 들었다. 통증의 원인을 찾아내지 못할 때마다 의사들은 그녀에게 늘 심리적인 원인이 문제라고 했기 때문이었다. 게다가 몇 년 전부터 그녀는 이른바 아버지에게서 성적으로 학대받았다는 환상과 씨름하고 있었다. 그녀는 실제로 일어난 사건에 대한 기억이 문제가 아니라 상상이 문제라는 정신분석의의 말을 흔쾌히 믿고 싶었다. 하지만 아무리 의사의 말을 믿고 추측을 해도, 다리에 그런 통증이 오는 이유를 알고 싶어하는 그녀에게는 아무런 도움이 되지 못했다. 결국 치료는 중단되었고, 그러자 통증이 사라졌다. 참으로 놀라운 일이었다.

통증은 그녀가 바깥으로 한 걸음도 내디딜 수 없는 세계 속에 갇혀 있다는 사실을 알려주는 신호였던 것이다. 사실 그녀는 정신분석의와 그의 빗나간 해석에서 벗어나고 싶었지만 감히 그럴 수가 없었다. 다리의 통증은 도피하고 싶다는 그녀의 욕구를 한동안은 봉쇄할 수 있었다. 그러나 그녀는 마침내 정신분석 치료를 중단하고 더 이상 거기에서 도움을 기대하지 않겠다고 결심하게 되었던 것이다.

나는 여기서 부모와 같은 존재에 대한 애착에 대해 기술하려고 한다. 이것은 우리 스스로 살아가는 것을 방해하는 부모, 다시 말하면 학대하는 부모에 대한 애착이다. 우리는 과거 어린 시절에 충족하지 못했던 자연스런 욕구들을 나중에 치료 전문가, 삶의 동반자 그리고 우리 자녀에게 전가한다. 부모가 실제로 그 욕구들을 무시했고, 심지어 방해까지 했기 때문에, 우리는 결국 그것들을 억압할 수밖에 없었다. 그런데도 우리는 그 사실을 믿지 못한다.

그러면서 이제는 우리와 관계를 형성하는 다른 사람들이 마침내 우리의 소원에 부응하고, 우리를 이해하고 응원하며 존중하고, 인생의 어려운 결정을 내리는 부담을 덜어줄 것이라고 기대한다. 이와 같은 기대가 계속 유지될 수 있는 것은 우리가 어린 시절의 현실을 부정하기 때문이다. 우리가 그 기대를 포기하지 못하는 까닭이, 다시 말해 내가 위에서 언급했듯이, 우리가 자발적인 행동을 통해서 그 기대를 포기하지 못하는 까닭이 바로 여기에 있다. 하지만 우리가 진실 앞에 마주 설 의지를 가지면, 그 기대는 시간이 갈수록 소멸될 것이다. 이는 간단하지 않으며, 대개는 고통이 수반되는 일이다. 그러나 능히 해낼 수 있는 일이다.

우리는 포럼에서 많은 사람들이 모임 출신의 어떤 사람에 대해 화를 내는 모습을 자주 목격할 수 있다. 이 사람이 그들의 부모의 행동에 대해 격앙된 반응을 보인다는 이유 때문이다. 사실 그는 그들의 부모에 대해 전혀 몰랐고, 그들이 자기에게 직접 들려준 이야기를 듣고 그것에 대해 반응을 보였을 뿐이었는데도 말이다. 그런데 부모의 행동에 대해 하소연하는 것과, 그것을 사실로서 철두철미 진지하게 받아들이는 것은 약간 다른 문제이다. 후자의 경우는 처벌을 두려워하는 어린이의 불안을 일깨운다. 그런 이유에서 많은 사람들은 이른 어린 시절에 대한 지각을 억압 속에 방치해두고, 진실을 외면하고, 부모의 행동을 미화하고, 용서를 강조하는 주장에 동조하는 편을 선호한다.

나는 1958년에 처음으로 정신분석 치료를 받기 시작했다. 지금 돌이켜보면, 그때 나를 담당했던 여자 정신분석의는 철저하게 도덕에 사로잡혀 있었다는 느낌이 든다. 나 또한 그와 똑같은 가치관을 가지고 성장했기 때문에, 당시에는 그 사실을 알아차릴 수가 없었다. 그러므로 그때에는 과거에 내가 학대받던 어린이였다는 사실을 깨달을 수 있는 기회가 없었던 것이다. 이 사실을 깨닫기 위해 나에게는 이 길을 걸어본 경험이 있으면서도, 우리 사회에 만연한 아동학대를 인정하지 않으려는 풍토에 동참하지 않는 증인이 필요했다.

그때부터 40년 이상이 지난 오늘날에도 이러한 태도를 가진 사람을 만나기란 쉬운 일이 아니다. 어린이 편에 서 있다고 주장하는 치료 전문가들이 쓴 보고서들은 대부분 교육적인 태도에 빠져 있다. 물론 그들은 그런 태도를 의식하지 못한다. 한 번도 그것에 대해 성찰해본 적이 없었기 때문이다. 많은 사람이 내가 쓴 책들을 인용하여, 환자에게 자기 자신을 정당하게 평가하고 다른 사람의 요구에 부응하려 하지 말라고 용기를 준다.

그런데도 그들의 보고서를 읽는 독자로서, 나는 그들이 엄밀히 말해 환자가 따를 수 없는 충고를 계속하고 있다는 느낌을 받는다. 내가 어떤 사건의 결과라고 기술한 내용이 그들의 보고서에는 사람들이 스스로 고쳐야 하는 나쁜 버릇으로 기술되어 있기 때문이다. 예를 들면 다음과 같은 식이다. "사람은 자신을 존중하는 법을 배워야 한다. 사람은 자신의 자질을 평가할 줄 알아야 한다. 사람은 이런저런 일을 해야 한다." 사람이 자기가 가치 있는 존재라는 느낌을 되찾는 데 도움을 주려는 정보는 흘러넘치지만, 그들이 겪고 있는 의식의 장애를 해결해줄 수 있는 정보는 없다.

자신의 가치를 평가하거나 존중하지 못하며, 자신의 창의력을 발휘하는 것을 금지당한 사람은 자발적으로 의식의 장애를 해소하지 못한다. 그가 겪는 의식의 장애는 과거에서 비롯된 결과이다. 자기가 어떻게 해서 지금처럼 되었는지를 이해하기 위해 그는 되도록 정확하게, 그것도 감정적으로 과거를 알아야 한다. 자기가 어떻게 해서 지금처럼 되었는지를 느낄 수 있고, 또 그것을 이해했다면, 그에게 더 이상 충고 같은 것은 필요가 없다. 그와 함께 진실을 향해 가는 길을 걸을 수 있고, 그 과정에서 그가 전부터 항상 소망했지만 포기할 수밖에 없었던 자신에 대한 믿음과 존중, 사랑을 찾게 해줄 '전문가 증인' 한 사람만 있으면 된다. 그에게 필요한 것은 부모가 어린 시절에 베풀어주지 않았던 것을 언젠가는 베풀어줄지도 모른다는 기대를 버리는 것이다.

그러므로 지금까지는 극히 소수의 사람만이 이 길을 갈 수 있었다. 많은 사람들은 심리요법 전문가들이 하는 충고에 만족하거나, 종교적 훈계가 진실을 발견하려는 노력을 방해하는 경우에도, 이를 그냥 받아들인다. 나는 위에서 '불안'을 결정적으로 중요한 요인으로 지적한 바 있다. 하지만 어린 시절에 학대를 받았다는 사실을 사회가 더 이상 금기시하지 않는다면 이 불안은 줄어들 것이라고 믿는다. 지금까지 학대의 희생자들은 이른 어린 시절의 불안 때문에 진실을 부정했고, 그 결과 진실이 철저하게 은폐되는 데 일조했다. 그러나 이전의 희생자들이 과거에 겪었던 일을 이야기하기 시작하면, 심리요법 전문가들도 현실을 깨닫지 않을 수 없게 될 것이다.

얼마 전에 나는 독일의 한 정신분석의가 자기 환자들 중에는 아동학대의 희생자가 거의 없다고 노골적으로 주장하는 소리를 들은 적이 있다. 이런 주장을 하다니 놀랍기 그지없는 일이다. 내가 아는 한, 어린 시절에 매를 맞지 않았는데 심리적 증상에 시달리며 치료를 받으려는 사람은 없기 때문이다. 수천 년 전부터 사람들은 이런 식의 모욕을 교육적인 조치로 간주해왔고, 앞으로도 그럴 것이다. 하지만 아무리 그래도 나는 그것을 학대라고 부를 것이다. 어쩌면 개념정의의 문제에 지나지 않을지도 모르는 일이지만, 내가 보기에 이 경우에 결정적으로 중요한 것은 바로 개념정의이다.

2
감정의 회전목마

　얼마 전에 나는 어린이용 회전목마 곁을 지나가다가, 잠시 발길을 멈추고 어린이들이 즐거워하는 모습을 보며 함께 즐거워한 적이 있다. 만 두 살쯤 되는 어린 아이들의 얼굴에서는 특히 기쁨의 감정이 환히 비치고 있었다. 그런데 기쁨만 있는 게 아니었다. 많은 어린이들의 얼굴에는 불안감도 역력히 드러나 있었다. 그렇게 빠른 속도로 움직이는 회전목마의 손잡이를 보호자도 없이 혼자 붙잡고 있어야 했기 때문이었을 것이다. 하지만 뭐가 무서워하면서도, 이제는 다 커서 스스로 조종한다는 자부심도 보였다. 앞으로 기다리고 있을 일에 대해 호기심을 드러내기도 했고, 부모가 어디 있는지 궁금해하며 불안해하기도 했다. 나는 이 모든 감정들이 교차하면서, 예기치 못한 움직임이 주는 흥분상태에 따라 제각기 자기 모습을 드러내는 광경을 목격할 수 있었다.
　그 자리를 떠난 뒤에 내 뇌리에는, 자기 몸이 어른의 성적 욕구에 악용될 때, 한 살에서 두 살배기 아이에게 무슨 일이 일어날까 하는 의문이 저절로 떠올랐다. 어떻게 내 머릿속에서 그런 생각이 떠올랐을까? 어쩌면 아이들이 보여준 즐거움에서 은밀히 어떤 긴장과 불신이 드러났기 때문이었을 것이다. 내가 생각하기에, 아이들의 몸은 이렇게 빠른 속도로 원을 그리며 도는 놀이를 뭔가 낯선 것, 익숙하지 않은 것, 불안한 것으로 여길 수도 있었다. 그래서인지 아이들이 회전목마에서 내렸을 때, 그들의 얼굴에는 불안하고 혼란스러운 감정이 드러났다. 아이들은 모두 부모를 꽉 붙들었다. 나로서는 어쩌면 이런 쾌감은 어린 아이들의 정신과는 전혀 어울리지 않는 것으로, 결코 자연스럽게 입력된 것이 아니라고 생각하는 수밖에 없었다.

회전목마는 사람들이 돈벌이를 하기 위해 세운 인위적인 장치이다. 그래서 나는 다시 내 주제로 돌아왔다. 예를 들어 아이를 싫어하고, 또 자기 자신의 어린 시절 때문에 다정한 감정을 송두리째 숨기고 있는 어머니가 있다고 하자. 그렇게 어머니의 손길을 거의 받지 못한 상태에서 성적으로 학대를 당할 경우, 어린 여자아이는 어떤 느낌을 받게 될까? 접촉에 너무나 목이 마른 나머지 아이는 거의 모든 육체적 접촉을 절실한 소망의 충족으로 여기고, 감사하며 받아들일 것이다. 그러나 자신의 고유한 본질, 다시 말하면 진실한 의사소통, 즉 아버지와 다정한 접촉이 이루어지기를 바라는 마음이 근본적으로 악용되기만 할 때, 요컨대 자신의 몸이 오로지 자위행위의 목적이나 어른의 권력을 확인하기 위해서만 이용될 때, 아이는 어렴풋하게나마 뭔가를 느끼게 될 것이다.

이 아이는 자신의 진정한 본질이 배반당한 데 대한, 다시 말하면 충족되지 못한 약속에 대한 실망과 슬픔, 분노의 감정을 깊이 억누른 채, 계속 아버지에게 매달릴 수도 있다. 아이로서는 아버지가 언젠가 최초의 접촉에 대한 약속을 지켜 자기의 품위를 되돌려주고 사랑이 무엇인지 보여줄 것이라는 희망을 저버릴 수 없을 것이기 때문이다. 그것을 포기할 경우에는, 소녀에게 사랑이라는 것을 주겠다고 약속한 사람이 주위에 아무도 없을 것이기 때문이다. 하지만 이것은 파괴적인 희망이 될 수 있다.

다시 말하면 성인 여성이 되었을 때, 이 소녀가 자해 충동에 시달리게 되고, 마침내는 심리요법 치료를 받아야 하는 상황이 발생할 수도 있다. 요컨대 고통을 받을 때에만 일종의 쾌락을 느끼는 사태가 벌어질 수도 있는 것이다. 아버지의 학대로 소녀는 자신의 감정을 거의 말살했고, 이제는 감정을 조절할 능력까지 상실했기 때문에, 고통을 받을 때에만 뭔가를 느낄 수 있게 될 것이다. 또는 크리스티나 마이어(Kristina Meyer)가 《이중 비밀 *Das doppelte Geheimnis*》이라는 책에서 기술했듯이, 이 여인은 성기습진으로 고통을 겪을 수도 있다. 그녀는 어린 시절에 아버지에게 성적 학대를 받았다는 것을 명백하게 알려주는 각양각색의 증상을 지닌 상태로 치료를 받으러 갔다. 그녀를 담당한 여성 정신분석의는 이런 사실을 당장 의심하지는 못했지만, 크리스티나 곁에서 진심을 다해 도왔다. 그리고 마침내 철저하게 억압되어 있던 끔찍하고 야만적인 아버지의 성폭행이라는 과거를 크리스티나가 직접 밖으로 끌어낼 수 있게 해주었다. 이 치료과정은 6년에 걸쳐 진행되었다. 처음에는 엄격한 정신분석학적인 환경 안에서, 나중에는 집단 심리요법과 육체요법 조치들과 병행하여 치료가 이루어졌다.

추측건대 이 여성 정신분석의에게 성기습진을, 어린이의 몸이 어린 시절에 당한 학대에 대한 명백한 암시로 이해하는 것이 처음부터 용납되었다면, 그 치료과정은 단축될 수 있었을 것이다. 하지만 16년 전에 그녀가 그런 해석을 내리기는 아마 불가능했을 것이다. 그 여성 의사는 자신의 행동에 대해 말해달라는 부탁을 받고, 만약 훌륭한 정신분석학적 관계가 형성되기 전에 그 사실에 직면하게 되었다면, 크리스티나는 그 고통을 견디지 못했을 것이라고 주장했다.

과거에는 나도 아마 이런 의견을 가지고 있었을 것이다. 하지만 그 이후에 얻은 경험에 따라, 나는 과거에 학대받던 아이에게 우리가 분명하게 인식한 사실을 이야기하고 나서 곁에서 도와주겠다고 제안하는 것은 빠르면 빠를수록 좋다는 견해에 동의하는 편이다.

크리스티나 마이어는 전에 볼 수 없는 용기를 가지고 진실을 쟁취했다. 그런 점에서 볼 때, 그녀는 어둠에 갇혀 있으면서도 처음부터 우리의 눈에 띄어 도움을 받을 만한 자격이 있는 사람이었다. 그녀는 거듭해서 정신분석의가 자기를 두 팔로 안고 위로해주기를 꿈꾸었다. 하지만 이 의사는 늘 학교에서 배운 대로만 행동했기 때문에, 크리스티나의 소박한 소망은 결코 이루어질 수 없었다. 의사가 그렇게 했더라면, 크리스티나에게 다른 사람의 경계를 존중하면서도 이 세상에 자기 혼자뿐이 아니라는 것을 전할 수 있는 다정한 포옹이 있다는 것을 보여줄 수 있었을 것이다.

다른 때에는 환자의 비극에 충격을 받는 정신분석의가 이렇게 완강하게 환자의 바람을 거부하는 태도는, 가능한 모든 육체요법을 자주 실시하는 오늘날에는 매우 특이하게 보일지도 모른다. 하지만 정신분석학적 견지에서 본다면 그런 태도는 전적으로 이해할 수 있는 것이다.

나는 2장의 출발점에서 언급한 어린이들의 모습으로 다시 돌아가려고 한다. 내가 보기에 아이들은 회전목마를 타고 돌면서 얼굴에 기쁨만이 아니라 불안과 언짢음까지도 드러냈다. 어린이들의 모습을 근친상간의 상황과 비교하는 것을 보편타당한 일이라고 주장할 수는 없다. 나로서는 문득 뇌리에 스친 생각에 잠시 매달려본 것일 뿐이다.

그러나 우리는 어린이와 어른 모두 상반되는 감정을 느낄 때가 무척 많다는 것을 매우 진지하게 받아들여야 한다. 만약 우리가 절대 자신의 감정을 설명하려 하지 않는 어른과 관계를 맺고 있는 어린이라면, 자주 혼란에 직면하고, 그로 인하여 심하게 불안을 느끼게 될 것이다. 또한 그런 혼란스럽고 불안한 감정에서 벗어나기 위해 감정을 분열시키고 억압하는 메커니즘에 매달릴 것이다. 불안을 느끼지 않고, 부모를 사랑하고 신뢰하며, 무슨 일이 있어도 부모의 소망에 부응하여 부모가 만족스러워하는 자녀가 되려고 할 것이다.

이러한 불안은 나중에 어른이 되었을 때 비로소 배우자나 연인에게 자기 존재를 알리겠지만, 우리는 그것을 이해하지 못할 것이다. 그때도 우리는 어린 시절에 그랬듯이, 사랑받기 위해서 상대의 모순을 군말없이 받아들일 것이다. 그러나 우리가 성적으로 학대받던 아이가 느끼던 불안, 분노, 노여움과 놀람을 계속해서 인정하지 않으려고 하면, 몸은 진실의 권리를 주장하며 증상들을 생산해낼 것이다.

하지만 현재 속에 있는 입구를 무시한다면, 우리는 아무리 노력해도 과거에 있었던 상황을 찾아낼 수 없게 된다. 오늘 우리가 처해 있는 예속상태를 해소해야만 상처를 치유할 수 있다. 다시 말해 이른 어린 시절의 예속상태가 초래한 결과를 분명하게 확인하여 이를 제거할 수 있는 것이다.

이와 관련된 사례가 하나 있는데, 안드레아스라는 한 중년 남자의 이야기이다. 그는 몇 년 전부터 과체중으로 고통을 겪고 있었다. 안드레아스는 자기를 괴롭히는 과체중 증상이 권위주의적이고 아이를 학대하는 아버지와 무관하지 않다고 의심했지만, 증세를 호전시킬 수가 없었다. 그는 체중을 줄이기 위해 할 수 있는 모든 것을 다 했고, 의사의 처방에 철저히 따랐다. 어린 시절에 자신을 학대한 아버지에 대한 분노도 느낄 수 있었다. 그런데 이 모든 것이 그에겐 도움이 되지 않았고, 때로는 발작적으로 분노가 폭발하여 안드레아스를 괴롭히기도 했다. 그럴 때면 자기 의지와 관계없이 아이들에게 욕설을 퍼부었고, 마음과는 반대로 아내에게 소리를 질렀다. 술의 힘을 빌려 마음을 진정시키면서도 그는 자신을 알코올중독자로 여기지 않았다. 가족과 다정하게 지내고 싶었던 그에게 술은 격한 분노를 누그러뜨리고, 즐거운 감정도 느낄 수 있게 도움을 주었다.

상담을 하던 도중에 안드레아스는 덧붙여서 이런 이야기를 해주었다. 부모가 사전에 전화로 알리지도 않고 불쑥 찾아와 놀라게 하곤 하는데, 아무리 해도 자기로서는 부모의 그런 버릇을 말릴 수가 없다는 것이었다. 나는 그에게 그런 행동에 반대한다는 뜻을 부모에게 표현한 적이 있는지 물었다. 그는 자기는 말을 하는데 부모가 그걸 무시한다고 대답했다. 강한 어조였다. 그의 부모는 그 집이 자기들

소유이기 때문에 언제든 집 안을 둘러볼 권리가 있다고 생각한다는 것이었다. 나는 놀라서 부모가 그 집에 대한 소유권을 주장하는 이유가 무엇이냐고 물었고, 안드레아스가 실제로 자기 부모 소유로 되어 있는 집에 세입자로 살고 있다는 사실을 알게 되었다. 나는 그 집과 똑같거나 더 비싼 월세를 주고 얻을 수 있는 집이 세상천지에 없겠느냐고 물었다. 그러면 부모에게 더 이상 얽매일 필요도 없고, 그들이 시도 때도 없이 찾아와 놀라게 하며 시간을 빼앗는 일도 없을 것이라고 했다. 그러자 안드레아스는 눈을 둥그렇게 뜨면서, 지금까지 한 번도 그런 생각을 해본 적이 없었다고 했다.

 이런 이야기를 듣고 놀랄지도 모르겠다. 하지만 이 남자가 여전히 어린 시절의 상황, 다시 말해 자기를 내쫓을지도 모른다는 불안 때문에 탈출구도 찾지 못한 채, 독점적인 부모의 권위와 의도에 순응할 수밖에 없는 상황에 얽매여 있다는 것을 알고 나면, 그리 놀랄 일도 아니다. 그리고 이러한 불안이 그때까지 그를 따라다니고 있었다. 식이요법을 지키려고 발버둥치면서도 여전히 그는 지나치게 많은 양의 음식을 섭취하고 있었다. 올바른 '영양분'을 섭취하고 싶은, 다시 말해 부모에게 얽매이지 않고 스스로 자신의 건강을 보살피고 싶은 욕구가 워낙 강하기 때문이었다. 이것은 적절한 방법을 통해 충족되어야지, 지나치게 많은 음식을 먹는 것으로는 충족시킬 수 없다. 먹는 것으로는 절대 이러한 욕구를 만족시킬 수가 없는 것이다. 원하는 대로 실컷 먹고 마실 수 있는 자유로는 자율권에 대한 욕구를 채울 수 없다. 그것은 진정한 자유를 대신하지 못한다.

 상담을 마치기 전에 안드레아스는 당장 집을 구하는 광고를 내겠다고 단호하게 말했다. 그는 금방 집을 구할 수 있을 거라 확신한다고 했다. 며칠 뒤 안드레아스는 집을 하나 구했는데, 부모 소유의 집보다 더 마음에 들고 월세도 싸다고 내게 알려주었다. 이렇게 간단한 해결책을 생각해내는 데 왜 그리 오랜 세월이 걸렸을까? 그것은 부모 집에 있으면 언젠가는 어린 시절에 자기가 간절히 원했던 것을 어머니와 아버지에게서 받을 수 있을 것이라는 희망을 품고 있었기 때문이다. 부모가 어린 그에게도 주지 않았던 것을 다 자란 그에게 준다는 것은 불가능한 일이었다. 그들은 여전히 그를 자기들의 소유물로 취급했고, 그가 아무리 소원을 이야기해도 절대 귀담아듣지 않았다. 아들은 자기 돈을 들여가며 집을 수리했는데도 아무런 대가도 받지 못했고, 부모는 이를 당연한 일로 받아들였다. 자기들은 부모이기 때문에 그럴 권리가 있다고 생각했기 때문이다. 안드레아스 또한 그렇게 믿었다.

내가 '전문가 증인'으로 나서서 그와 대화를 나누었을 때, 비로소 그는 눈을 뜨게 된 것이다. 그제야 그는 자기가 어린 시절처럼 이용당하고 있고, 아직도 이를 감사히 여겨야 한다는 생각을 가지고 있다는 사실을 깨달았다. 이제 그는 언젠가는 자기 부모가 변할 것이라는 환상을 버릴 수 있게 되었다. 몇 달이 지난 뒤 안드레아스는 나에게 이런 편지를 보내왔다.

집 계약을 해지하겠다고 하니까 부모님은 내게 죄책감을 안겨주려고 애를 썼어요. 나를 내보내려고 하지 않았죠. 나에게 아무것도 강요할 수 없다는 것을 깨닫자, 부모님은 월세를 깎아주고 내가 그 집에 투자한 돈의 일부를 돌려주겠다고 했어요. 그때 나는 그런 계약으로 이득을 보는 것은 내가 아니라 부모님이라는 것을 알아차렸기 때문에 그 제안에 동의하지 않았어요.

하지만 이 모든 과정에서 고통이 없었던 것은 아니에요. 나는 진실을 똑똑히 보아야만 했죠. 그건 고통스런 일이었어요. 한 번도 사랑받지 못하고, 한 번도 귀 기울임을 받지 못하고, 한 번도 주목받지 못하고 이용당하면서도 늘 상황이 변하기만을 기다리며 희망을 버리지 않던 어린 시절의 내가 겪었던 고통이 느껴졌어요. 그러자 기적이 일어났어요. 더 많이 느낄수록, 내 몸무게가 더 많이 줄어들었어요. 감정을 누그러뜨리기 위해 알코올을 찾을 필요가 없게 되었고, 머리가 맑아졌죠. 가끔 분노가 밀려들 때면, 그것이 누구를 향한 것인지 알게 되었어요. 그것은 내 아이들이나 아내가 아니라 내가 사랑받을 수 없었던 어머니와 아버지를 향한 것이었어요. 난 이 사랑이, 다름이 아니라, 결코 채워진 적 없는, 사랑받고 싶은 나의 갈망에 지나지 않았다는 사실을 깨달았죠. 나로서는 이 갈망을 포기하는 수밖에 없었어요.

그러자 어느 순간부터 더 이상 이전처럼 많이 먹지 않아도 되었고, 피로도 덜 느끼고 다시 활력이 샘솟았어요. 일을 할 때도 그랬죠. 나는 이제 나를 위해, 내게 필요한 일을 하고 있어요. 부모님이 그것을 해줄 것이라고 더 이상 기대하지 않아요. 그래서인지 시간이 지나자 부모님에 대한 분노도 잦아들더군요. 더 이상 부모님을 사랑해야 한다고 나에게 강요하지 않아요.(무얼 위해서 그래야 할까요?) 부모님이 돌아가시면 죄책감을 느낄까 봐 불안하지도 않고요. 내 누이는 내가 그럴 것이라고 예상하지만 말이에요. 아마도 부모님이 돌아가시면 내 마음이 홀가분해질 것 같아요. 그러면 억지로 부모님을 사랑하는 척할 일도 없어질 테니까요. 하지만 나는 지금도 그런 강제에서 벗어나려고 애쓰고 있어요.

부모님은 사무적인 내 편지들을 받고 마음이 아팠다고, 누이를 통해 알려왔어요. 내가 보낸 편지에서 과거에 보여주었던 따듯함을 느낄 수 없다는 것이 그 이유였죠. 부모님은 내가 옛날의 나로 돌아가길 원하는지도 몰라요. 하지만 나는 그럴 수가 없고, 또 그러고 싶지도 않아요. 난 더 이상 부모님이 만든 각본 속에서 내게 강요된 역할을 맡고 싶은 마음이 없어요.

오랜 시간에 걸쳐 수소문하던 끝에 한 심리요법 전문가를 알게 되었어요. 그 사람은 내게 좋은 인상을 주었어요. 그와 함께 있으면 선생님과 상담을 했던 것처럼, 부모님을 보호하거나 진실을 은폐하지 않고 솔직하게 대화를 나누고 싶어져요. 나 자신의 진실도 숨기고 싶지 않고요. 다른 무엇보다도 이 집을 떠나겠다는 결단을 내릴 수 있어서 기뻐요. 아무리 해도 충족될 수 없는 희망에 그토록 오랜 세월 동안 나를 붙잡아두었던 것이 바로 이 집이었거든요.

나는 과거에 우리를 학대했던 부모에 대한 사랑의 실체는 도대체 무엇이냐는 물음을 제기하여 '네 번째 계명'에 대한 토론을 이끌어낸 적이 있다. 사람들은 오래 생각하지 않고 즉석에서 그 질문에 대답했는데, 그들은 다양한 감정에 대해 언급했다. 나이를 먹고 걸핏하면 병이 나는 사람들에 대한 동정, 생명이 유지되고 있다는 사실에 대한 고마움, 매를 맞지 않았던 즐거웠던 날들에 대한 감사함, 나쁜 인간이 된다는 불안, 부모의 행동을 용서하지 않으면 어른이 될 수 없다는 확신이 그것이었다. 격렬한 토론이 벌어지는 가운데 사람들은 다른 사람의 의견에 대해 의문을 제기했다. 토론에 참가한 사람들 가운데 루트라는 이름을 가진 여성이 있었는데, 그녀는 의외로 단호하게 말했다.

나는 '네 번째 계명'이 틀리다는 것을 내 삶을 가지고 증명할 수 있어요. 부모님의 요구에서 벗어난 뒤로, 다시 말해서 부모님의 은근하면서도 노골적인 기대에 더 이상 부응하려 하지 않게 된 뒤로, 내 몸이 예전보다 더 건강해진 것을 느끼게 되었으니까요. 병의 증상들이 사라졌고, 우리 아이들을 신경질적으로 대하지 않게 되었어요. 지금 와서 생각해 보면 몸에 병세가 나타나고 내가 신경질적으로 된 것은 모두 몸에 해로운 규율에 순응하려고 했기 때문이었어요.

사람들은 '네 번째 계명'이 우리에게 그와 같은 권력을 행사하는 이유가 무엇이냐고 물었다. 루트는 그것이 불안을 조장하고, 아주 어렸을 때 부모가 우리에게 주입한 죄책감을 부추기기 때문이라고 대답했다. 부모를 전혀 사랑하지 않으면서도 사랑하려고 했고, 자기 자신과 부모에게 사랑의 감정을 느끼는 척했었다는 사실을 깨닫기 직전까지는 그녀도 심한 불안에 시달렸다고 했다. 그러나 진실을 받아들이자, 그녀에게서 불안이 사라졌다.

"당신 부모는 당신에게 상처를 주었어요. 그러니 부모를 사랑하고 존경하지 않아도 돼요. 강요해서는 결코 좋은 결과를 얻지 못하니까 억지로 사랑의 감정을 느끼려고 할 필요가 없어요. 당신 같은 경우에 강요는 파괴적인 영향을 끼칠 수 있어요. 당신 몸이 그 대가를 치르게 될 테니까요." 많은 사람들에게 이렇게 말해줄 수 있다면, 그들도 루트처럼 생각을 바꿀 것이라고 나는 생각한다.

이 토론은 우리가 평생 동안 환상에 예속되어 살아가는 경우가 많다는 나의 느낌을 뒷받침해주었다. 이 환상은 교육과 도덕, 혹은 종교의 이름으로, 우리에게 자연스런 욕구를 무시하고 억압하며, 그에 저항하라고 강요한다. 그 결과 우리는 병으로 그 대가를 치르면서, 이 병의 의미를 이해할 능력도 의지도 없이 약으로 병을 치료하려고 애쓴다. 심리요법에서 억압된 감정들을 일깨워 진정한 자아에 도달하는 데 성공하면, 많은 심리요법 전문가들은, 익명의 알코올중독자 집단을 근거로 들어가며 그 성공을 신의 섭리로 간주한다. 그렇게 해서 그들은 태어날 때부터 각자에게 주어진 믿음, 곧 자기에게 이로운 것과 그렇지 않은 것을 감지하는 능력에 대한 믿음을 파괴한다.

어머니와 아버지 때문에 나는 태어나면서부터 이러한 믿음을 잃어버렸다. 나는 내가 느끼는 모든 것을 어머니의 눈으로 보고 판단하며, 내 감정과 욕구들을 짓누르는 법을 배울 수밖에 없었다. 그렇게 해서 시간이 흐를수록 내 욕구를 지각하여 이를 충족할 수 있는 능력을 크게 상실하게 된 것이다. 예를 들어 내가 그림을 그리고 싶다는 욕구를 발견하고 그것을 즐기게 된 것은 내 인생이 48년이나 흐르고 난 뒤의 일이었다. 그리고 부모를 사랑하지 않을 권리가 내게 있다는 사실을 인정하기까지는 더 오랜 시간이 걸렸다.

나는 시간이 갈수록 누군가를 사랑하려는 노력이 내 인생을 얼마나 강력하게 제약했고, 얼마나 깊은 상처를 남겼는지 더욱더 분명하게 깨닫게 되었다. 그 노력이 나의 진실에서 나를 멀어지게 했고, 나를 기만하라고 강요했으며, 아주 어린 시절부터 사람들이 나에게 요구했던 역할, 곧 교육과 도덕으로 위장된 감정적인 요구에 순응할 수밖에 없는 착한 소녀의 역할을 강요했기 때문이다.

나 자신에게 충실하면 할수록, 내 감정을 더 솔직하게 인정하면 할수록 내 몸의 발언은 더욱더 명확해졌고, 그때마다 나는 내 몸의 자연스런 욕구가 표현될 수 있게 해야겠다는 결심을 굳히게 되었다. 나는 우리 부모의 좋은 면을 내 눈앞에 펼쳐놓음으로써 다시 나를 혼란스럽게 하는 다른 사람들의 행동에 더 이상 흔들리지 않을 수 있었다. 그건 나의 어린 시절의 모습이었다. 나는 어른이 된 나를 위해 결단을 내릴 수 있었고, 그러자 혼란이 사라졌다.

난 나의 존재에 대해서 부모에게 감사해야 할 짐을 지고 있지 않다. 우리 부모는 나란 존재를 전혀 원하지 않았기 때문이다. 우리 어머니와 아버지는 양가 부모의 뜻에 따라 마음에도 없는 결혼을 했다. 나는, 자기 부모에게 복종할 수밖에 없었던 까닭에 전혀 원하지도 않은 아이를 출산한 두 착한 아이들 사이에서 사랑도 없이 태어났다. 아이를 원한 당사자들은 양가의 할아버지들이었고, 그들이 원했던 것은 사내아이였다. 그런데 우리 부모는 그만 딸을 낳았고, 그 딸은 부모를 행복하게 해주기 위해 수십 년 동안 자신의 모든 능력을 쏟아부으며 노력했다. 하지만 이는 가망 없는 시도였다.

그런데 살아남고 싶었던 어린 나에게는 노력하는 것 이외에 다른 대안이 없었다. 나는 처음부터 부모를 인정하고 관심을 기울이고 사랑을 베풀어야 한다는 암시적인 과제를 떠맡았다. 내 부모는 할아버지들에게 이런 걸 받아본 적이 없었다. 그리고 나는 과제를 수행하기 위한 노력을 계속하기 위해 나의 진실, 곧 나의 감정에 담긴 진실을 포기하는 수밖에 없었다. 하지만 이렇게 안간힘을 다해 노력하면서도 오랜 세월 동안 깊은 죄책감에서 벗어나지 못했다. 내 과제는 실현 불가능한 것이었기 때문이다.

더 나아가 나는 나 자신에게도 어느 정도 빚을 지고 있었다. 그건 바로 나의 '진실'이었다.(《천재가 될 수밖에 없었던 아이들의 드라마 *Das Drama des begabten Kindes*》를 쓰면서 나는 그 사실을 어렴풋이 느끼기 시작했다. 또한 수많은 독자들이 그 책을 읽고 자기 자신의 운명을 깨닫게 되었다.) 그런데 성인이 되고 난 뒤에도, 나는 수십 년 동안 부모에 대한 과제를 수행하기 위해 나의 연인과 친구들 그리고 아이들과 함께 노력했다. 다른 사람을 혼란에서 구해주고 도와주어야 한다는 요구에서 벗어나려고 할 때마다, 죄책감이 나를 거의 죽일 듯이 옥죄었기 때문이다. 인생의 후반기에 와서야 비로소, 나는 그로부터 벗어날 수 있었다.

내면화된 부모에 대한 예속상태에서 벗어나려는 길에서 결정적으로 중요한 과정의 하나는 감사하는 마음과 죄책감을 내려놓는 것이었다. 또한 꼭 거쳐야 할 다른 과정들도 있었다. 다른 무엇보다도 내가 부모에게 바랐던 것, 요컨대 솔직하게 감정을 주고받고 자유롭게 의견을 나누는 날이 언젠가는 꼭 오리라는 기대와 희망을 포기하는 것이었다. 나는 다른 사람과는 의견을 자유롭게 주고받을 수 있게 되었는데, 그것도 내 어린 시절의 진실을 남김없이 파악하고 난 뒤의 일이었다. 난 왜 내가 부모와 솔직하게 의견을 주고받을 수 없었으며, 그것 때문에 어린 시절에 내가 얼마나 고통을 겪었는지 이해하게 되었다. 그런 다음에야 비로소 나는 나를 이해할 수 있는 사람들을 찾아낼 수 있었고, 그들과 함께 있으면 터놓고 자유롭게 내 의중을 드러낼 수가 있었다.

우리 부모는 오래전에 세상을 떠났다. 그런데 부모가 아직 살아 있는 사람들에게는 분명히 이 길이 더 어렵게 보일 것이다. 그건 나도 짐작할 수 있다. 어린 시절에 뿌리를 두고 있는 '기대'라는 것이 너무나 집요하기 때문에, 끝까지 부모가 바라던 사람이 되기 위해서, 다시 말하면 사랑이라는 환상을 잃어버리지 않기 위해 그들은 자기에게 도움이 되는 모든 것을 포기한다.

예를 들어 칼이라는 사람은 자신의 혼란스런 마음을 다음과 같이 표현하고 있다.

> 난 어머니를 사랑해요. 그런데 어머니는 그걸 믿지 않죠. 자기에게 고통을 준 아버지와 나를 혼동하기 때문이에요. 하지만 난 아버지와 다르다고요. 어머니는 날 화나게 해요. 하지만 난 어머니에게 분노를 보이고 싶지는 않아요. 분노를 드러내면 어머니는 그것을 내가 아버지와 똑같다는 증거로 삼을 테니까요. 하지만 그건 옳지 않아요. 어머니 생각이 옳지 않다는 것을 보여주기 위해 나는 분노를 억누를 수밖에 없어요. 그럴 때면 난 어머니에게 사랑이 아니라 미움을 느껴요. 하지만 이런 미움을 갖고 싶지 않아요. 난 어머니에게 내 모습을 있는 그대로 보여주고, 그 모습으로 사랑받고 싶어요. 아버지처럼 미움을 사고 싶지 않아요. 하

지만 어떻게 해야 그럴 수 있을까요?

내 대답은, 자기 자신을 다른 사람에게 맞추려고 하면 절대로 그럴 수 없다는 것이다. 사람은 지금의 자기 자신이 아닌 다른 사람이 될 수 없다. 또한 부모에게도 사랑하라고 강요할 수가 없다. 그런데 자기 아이의 겉모습만을 사랑하는 부모들이 있다. 그리고 내가 앞에서 언급했듯이 아이가 가면을 벗어버리기가 무섭게 그들은 으레 이렇게 말한다. "난 네가 이전의 너로 돌아가기만을 바랄 뿐이야."

부모의 사랑을 받아 마땅하다는 환상을 지탱하려면 과거에 일어났던 일을 부정해야만 한다. 세분화되어 있는 모든 진실을 직시하기로 결심하고, 알코올과 마약, 약물의 힘에 기대어 유지하는 자기기만을 포기하면, 그 환상은 허물어질 것이다.

세 아이의 어머니인 서른다섯 살 된 안나는 나에게 이렇게 말했다. "우리 어머니는 늘 내게 말해요. '네가 내게 사랑을 보여주는 것 이외에 난 바라는 것이 없어. 넌 예전에는 그렇지 않은 아이였는데 지금은 달라졌어.' 이런 말을 듣고 내가 무슨 대꾸를 할 수 있겠어요? 난 어머니에게 이렇게 말하고 싶어요. '그래요. 지금 와서 보니 내가 어머니에게 항상 솔직하지는 않았다는 느낌이 들어서 그런 거예요. 난 어머니에게 정직하고 싶어요.'"

나는 물었다. "그런데 왜 그렇게 말할 수가 없나요?" 안나는 대답했다. "나의 진실 편에 설 권리가 내게 있는 건 사실이에요. 그런데 원칙적으로 볼 때는 어머니에게도 어머니의 느낌이 틀리지 않다는 말을 나에게 들을 권리는 있거든요. 사실 그건 매우 간단한 문제라고 생각해요. 그런데 연민 때문에 난 어머니에게 솔직해질 수가 없었어요. 난 어머니에게 연민을 느꼈죠. 어머니는 어린 시절에 한 번도 사랑을 받아보지 못했어요. 태어난 뒤에 버림을 받았으니까요. 그래서 어머니는 나의 사랑에 매달렸고, 난 그런 어머니에게서 사랑을 빼앗고 싶지 않았어요." "당신은 외동딸이었나요?" 난 알고 싶었다. "아니요. 어머니에게는 자식이 다섯 명이나 있어요. 모두 자기가 할 수 있는 방법으로 어머니를 돕고 있죠. 하지만 분명한 것은 그것으로도 어린 시절부터 어머니 가슴에 뚫려 있던 구멍이 메워지지 않는다는 것이에요."

그녀는 계속했다. "아니요. 그것도 아니에요. 말 그대로, 왜 내가 동정심 때문에 어머니를 사랑하려고 해야 하죠? 왜 내가 어머니를 속이려고 해야 하나요? 그게 누구에게 도움이 될까요? 나는 끊임없이 병에 시달렸어요. 그런데 내가 실제로는 어머니를 결코 사랑하지 않는다는 사실을 인정할 수 있게 된 이후로는 병이 사라졌죠. 어머니를 사랑하지 않은 것은, 어머니에게 얽매여 감정적으로 강요를 받았다고 느꼈기 때문이었어요. 하지만 그 사실을 어머니에게 말하자니 불안했죠. 그래서 이제 이렇게 나 자신에게 묻고 있는 거예요. 연민을 통해서 내가 어머니에게 선물하려고 하는 것이 무엇인지를. 거짓 이외에 아무것도 없어요. 난 내 몸에 빚을 지고 있기 때문에 더 이상 이런 상태를 지속해서도 안 되고요."

내가 여기 2부 2장에서 시도했던 것처럼 사랑을 구성하는 개별 요소들을 관찰한다면, 사랑에서 무엇이 남을까? 감사, 연민, 환상, 진실의 부정, 죄책감, 위장……. 이것은 모두 우리를 병들게 하기 일쑤인 애착의 구성 요소들이다. 그런데 전 세계에 걸쳐 사람들은 이 병든 애착을 사랑으로 이해하고 있다. 이런 생각을 표현할 때마다, 난 항상 불안과 저항에 부딪히고는 한다. 토론을 통해서 내 생각을 좀 더 정확하게 설명할 수 있게 될 때에는, 이러한 저항이 아주 빠르게 누그러지고 많은 사람들은 놀랍다는 반응을 보인다.

언젠가 내 대화 상대 가운데 한 사람이 이렇게 말한 적이 있다. "맞는 말이에요. 그런데 왜 나는 내가 실제로 어떤 감정을 갖고 있는지 부모님에게 보여줄 경우, 그것은 부모님을 살해하는 행위가 될 것이라고 생각했을까요? 내겐 내가 느끼는 대로 느낄 권리가 있어요. 여기서 중요한 것은 복수가 아니라 정직이에요. 정직은 종교수업에서 오로지 추상적인 개념으로만 인정받을 뿐, 부모님을 대할 때는 절대로 적용하지 못하게 되어 있죠. 왜 그럴까요?"

부모와 솔직하게 대화를 나눌 수 있다면 그보다 좋은 일은 없을 것이다. 부모가 이것을 궁극적으로 어떻게 받아들일 것인지는 우리에게 달린 문제가 아니다. 하지만 솔직한 대화는 우리, 우리 아이들, 그리고 특히 진실에 도달하도록 우리를 이끌어준 몸을 위한 기회가 될 수도 있다.

나는 몸의 능력에 늘 놀라곤 한다. 몸은 놀랄 만큼 끈기 있고 영리하게 거짓에 맞서 싸운다. 도덕적이고 종교적인 요구로는 몸을 속이거나 혼란에 빠뜨릴 수 없다. 어린 아이는 부모를 사랑하기 때문에, 부모가 도덕을 먹여주면 자발적으로 이를 받아들이지만, 학창시절에 무수히 많은 병에 시달리게 된다. 어른은 도덕에 대항하기 위해 탁월한 지적 능력을 이용하며, 경우에 따라서는 철학자나 시인이 되기도 한다. 그러나 이미 학창시절에 고통에 묻혀 가려진, 가족에 대한 진실한 감정들은 그의 근육조직을 폐쇄한다. 이를테면 쉴러나 니체가 바로 그런 경우였다. 그들은 성인으로서 '사회'의 거짓을 근본적으로 꿰뚫어보았다. 그런데도 도덕과 종교를 위해서 결국 자기 부모의 희생양이 되었다. 자기기만을 인식하고 자신을 도덕의 희생자로 만들었다는 사실을 이해하는 것이, 그들에게는 철학논문을 쓰거나 과감한 희곡을 쓰는 것보다 더 어려웠던 것이다. 우리의 심성이 생산적으로 변화할 수 있게 된 것은 각자의 내면적인 과정의 결과이지, 몸에서 분리된 그들의 사상 때문은 아니다.

어린 시절에 사랑과 이해를 경험할 수 있었던 사람들은 자신의 진실과 대면하는 것에 아무런 문제가 없을 것이다. 그들은 자신의 능력을 향상시킬 수 있었고, 그들의 자녀는 그 이점을 누릴 수 있었다. 나는 그런 사람들이 인구의 몇 퍼센트나 차지하는지 모른다. 다만 사람들이 아직도 체벌을 교육의 수단으로 추천하고 있고, 민주주의와 진보의 모범으로 자처하는 미국에서도 22개 주가 여전히 체벌을 인정하고 있으며, 그 주들이 심지어 부모와 교육자의 '권리'를 점점 더 강력하게 옹호하고 있다는 사실은 알고 있다. 폭력의 힘을 빌려 아이들에게 민주주의를 가르칠 수 있다는 주장은 이치에 맞지 않는다. 여기서 나는 이러한 유형의 교육을 받지 않은 사람이 세상에는 그리 많지 않을 것이라는 결론을 도출한다. 이들 모두 잔혹한 처우에 대해 반항했지만 이른 어린 시절부터 억압을 받았을 것이고, 내면적으로 정직하지 못한 아이로 성장하는 수밖에 없었을 것이다. 이는 어디서든 목격할 수 있는 현상이다.

대화를 나누는 자리에서 누가 "우리 부모님은 항상 내게 모욕을 주었어요. 그래서 나는 부모님을 사랑하지 않아요." 하고 말했다고 치자. 그는 틀림없이 사방에서, 흔히 듣는 충고를 받았을 것이다. 어른이 되고 싶으면 행동이 달라져야 한다, 몸이 성하고 싶거든 마음에 미움을 담고 살아서는 안 된다, 부모를 용서하면 미움에서 벗어날 수 있을 것이다, 세상에 이상적인 부모는 없다, 모든 부모가 가끔은 실수를 범한다, 그러므로 실수를 너그럽게 받아들여야 한다, 어른은 관용을 배울 수 있어야 한다, 라는 충고들을 말이다.

이런 충고들이 매우 그럴듯하게 들리는 데는 그만한 까닭이 있다. 오래전부터 그것들을 알고 있었고, 이치에 맞는 소리로 여겨왔기 때문이다. 하지만 사실은 그렇지 않다. 많은 충고들이 틀린 전제를 바탕으로 하고 있다. 용서하면 미움에서 벗어날 수 있다는 말은 사실이 아니다. 용서는 미움을 은폐하는 데만, 그리하여 (무의식 속에서) 그것을 심화하는 데만 도움을 줄 뿐이다. 나이가 들면서 우리가 더 너그러워진다는 것은 틀린 말이다. 사실은 정반대이다.

어린 아이는 부모의 비합리적인 행동을 너그럽게 받아들인다. 그것을 정상적인 것으로 간주하고, 또 거기에 저항하는 것이 용납되지 않기 때문이다. 그리고 어른이 되고 나서야 비로소 그는 예속과 강제로 인해 고통을 겪게 된다. 하지만 그는 그 고통을 대리인들, 다시 말해 자기 배우자와 아이들과의 관계 속에서 느낀다. 진실을 인식하려고 하면, 어린 시절에 부모에게 느꼈던 무의식적인 불안이 그를 저지한다.

미움이 사람을 병들게 한다는 말은 사실이 아니다. 억압당하고 분열당한 미움은 사람을 병들게 할 수 있지만 의식 속에서 경험하여 표현해버린 감정은 사람을 병들게 하지 않는다.[36] 나는 성인으로서 내 감정을 자유롭게 표현할 수 없는 상황에 놓여 있을 때에만 미움을 느낀다. 이러한 예속상태에 빠져 있으면 나는 미워하기 시작한다. 그런 상태에서 벗어나기만 하면(전체주의 체제의 포로가 아니라면 나는 어른으로서 대부분의 경우에 그렇게 할 수 있다), 노예적인 예속상태에서 해방되기만 하면, 곧바로 나는 더 이상의 미움을 느끼지 않는다. 하지만 엄연히 미움이 있는데, 모든 종교에서 지시하는 것처럼, 그것을 회피하는 것은 아무런 도움이 되지 않는다. 우리는 반드시 미움을 이해해야 한다. 그래야만 미움이 초래하는 예속상태에서 벗어날 수 있게 하는 행동을 선택할 수 있다.

물론 어릴 때부터 자신의 진실한 감정으로부터 분리된 사람들, 곧 교회와 같은 제도에 얽매여 어디까지 자기 스스로 느껴도 되는지 지시를 받는 사람들이 있다. 대부분의 경우에 그것은 매우 사소한 일 같아 보인다. 하지만 나는 그런 상황이 영원히 계속될 것이라고는 생각하지 않는다. 언제일지 모르겠지만, 어딘가에서 그에 대한 저항이 일어날 것이다. 그리고 각 개인이 분명히 불안감을 느끼면서도 자신의 진실을 말하고 느끼고 널리 알리고, 이를 바탕으로 다른 사람과 의견을 주고받을 수 있는 용기를 발견한다면, 서로 우민화하는 이런 과정은 종식되고 말 것이다.

잔인한 행동과 때로는 극단적이기도 한 사디즘을 극복하고 살아남

---

[36] Alice Miller: *Du sollst nicht merken. Variationen über das Paradies-Thema*, Frankfurt a. M.: Suhrkamp, rev. Aufl. 1998. 마지막 장 참고.

기 위해서 어린이들이 얼마나 많은 에너지를 소모해야 하는지 알고자 하는 사람은 자기도 모르는 가운데 낙천주의자가 될 것이다. (랭보, 쉴러, 도스토예프스키, 니체와 같은) 이런 아이들이 거의 무한하다시피 한 자신의 에너지를 생존을 위한 투쟁이 아니라 다른 생산적인 목적에 쏟을 수 있다면, 우리가 사는 세상이 더 좋아질 수 있다는 것을 쉽게 상상할 수 있을 것이기 때문이다.

3
몸은 진실의 보호자이다

스물여덟 살인 엘리자베스는 다음과 같은 편지를 썼다.

    내가 어렸을 때, 우리 어머니는 나를 심하게 학대했어요. 뭔가 마음에 들지 않는 일이 있으면 다짜고짜 주먹으로 내 머리를 때리고, 벽에 대고 쿵쿵 찧고, 머리카락을 잡아당겼죠. 난 어머니의 행동을 저지할 수가 없었어요. 다음에 그런 일을 당하지 않으려면 분노가 폭발하는 실제 원인이 어디에 있는지 알아야 하는데, 결코 그걸 알아낼 수가 없었으니까요. 적절히 대응하면 폭발을 미연에 방지할 수 있을 것이라는 희망을 가지고, 어머니의 감정이 극히 미세하게 동요하기만 해도 이를 간파해내기 위해 엄청나게 애를 썼어요. 가끔은 성공할 때도 있었지만, 대부분은 그렇지 못했죠.
    몇 년 전 우울증에 시달렸을 때, 나는 여성 심리요법 전문가를 찾아가서 내 어린 시절에 대해 많은 이야기를 했어요. 처음에는 모든 일이 놀랄 만큼 순조롭게 진행되었죠. 그 전문가는 내 말을 귀담아들어 주는 것

같았고, 그 모습이 내 마음을 엄청나게 가볍게 해주었어요.

그리고 나서 그녀는 자주 내게 무슨 말을 했는데, 나는 그것이 마음에 들지 않았어요. 그래도 항상 그래왔듯이, 난 내 감정의 소리를 흘려들으며 그녀의 정신에 나를 맞춰갈 수 있었죠. 그녀는 동양철학의 영향을 강하게 받은 것 같았어요. 나는 처음에는 그녀가 내 이야기에 귀를 기울여주는 만큼, 그것이 나에게 방해가 되지는 않을 거라고 생각했죠. 그런데 그 심리요법 전문가는 다짜고짜, 일평생 마음속에 미움을 안은 채 방황하지 않으려거든 어머니와 평화조약을 맺어야 한다면서 나를 설득하려 드는 거예요. 난 격분하여 자제력을 잃었고, 심리요법을 중단했어요. 그전에 내가 그 심리요법 전문가에게 말했거든요. 우리 어머니에 대한 나의 감정이 무엇과 관련되어 있는지는 내가 그녀보다 더 잘 알고 있다고요.

내 몸에만 물어볼 걸 그랬나 봐요. 내가 어머니를 만나서 감정을 억압할 때마다 심각한 증상들이 득달같이 내게 경고를 보냈거든요. 몸은 속일 수가 없는 것 같아요. 나는 몸이 나의 진실을 매우 정확하게, 내 의식적인 자아보다 더 많이 알고 있다는 인상을 받아요. 몸은 내가 우리 어머니 때문에 겪었던 일을 하나도 빠짐없이 알고 있죠. 전통적인 규범에 부응하려다 내가 잘못되는 것을 몸은 허락하지 않아요. 몸이 전하는 소식을 진지하게 받아들이고 그것에 따르는 동안에는, 난 편두통이나 좌골신경통으로 고생하지 않아요. 더 이상 고립된 기분에 시달리지도 않고요. 그리고 난 내 어린 시절에 대해서 이야기를 나눌 수 있는 사람들을 발견했답니다. 비슷한 기억을 안고 살기 때문에 그들은 나를 이해하죠.

앞으로는 심리요법 전문가를 찾아가지 않으려고 해요. 내가 이야기하고 싶어하는 모든 것과 함께 나를 살아가게 해주고, 나에게 도덕을 떠먹이려고 하지 않으며, 내가 고통스런 기억을 통합하는 데 도움을 줄 수 있는 사람을 찾을 수 있으면 좋겠어요. 사실 나는 몇몇 친구의 도움을 받아 그렇게 하고 있는 중이죠. 과거보다는 지금, 나는 내 감정에 더 가깝게 다가가 있어요. 그리고 두 곳의 대화 모임에도 가입했어요. 거기 가면 감정을 표현할 수 있고, 편안함을 느낄 수 있는 새로운 형태의 의사소통도 시험해볼 수 있죠. 그러자 육체적 고통과 우울증을 거의 느끼지 않게 되었어요.

편지에서 엘리자베스의 말은 매우 확신에 차 보였다. 그래서 1년 뒤에 다시 편지를 받았을 때, 나는 놀라지 않았다. 편지에서 그녀는 이렇게 이야기했다.

새로운 심리요법을 더 이상 받지 않고 있어요. 그래도 잘 지내고 있고요. 올해는 우리 어머니를 한 번도 만나지 않았어요. 그럴 마음도 없고요. 어린 시절에 어머니가 나에게 했던 잔인한 행동에 대한 기억들이 아직까지도 너무나 생생해요. 그래서 어린 시절 내가 절실하게 원했던 것을 이제 와서 어머니에게 받을 수 있을 것이라는 환상과 기대를 일체 갖지 않게 되었답니다. 그것이 종종 그립기는 해도, 절대 찾으려 할 필요가 없다는 걸 알았어요.
내 심리요법 전문가의 예상과는 반대로 난 마음에 미움을 담고 있지 않아요. 어머니를 미워할 필요도 없고요. 이제는 어머니에게 더 이상 감정적으로 매달리지 않으니까요. 하지만 그 심리요법 전문가는 그걸 이해하지 못했어요. 그녀는 나를 미움에서 해방시키려고 했지만, 그 의도와는 달리 자기가 나를 이러한 미움으로 떠밀어 넣었을지도 모른다는 것을 이해하지 못했어요. 미움이야말로 내 예속성의 표현이었는데, 그 미움을 그녀가 다시 한 번 내게 심어줄 수도 있었다는 말이죠. 그 심리요법 전문가의 말에 따랐다면, 내 마음속에 미움이 다시 솟구쳐올랐을지도 몰라요. 지금 나는 거짓으로 인해 고통받을 필요가 없어요. 그래서인지 더 이상 미움도 치밀어오르지 않고요. 그 미움은 늘 어머니에게 얽매여 있던 아이의 미움이었죠. 그 심리요법 전문가를 때 맞춰 떠나지 않았다면 난 영원히 그 미움을 안고 살 수밖에 없었을 거예요.

나는 엘리자베스가 해결책을 찾아낸 것을 보고 행복을 느꼈다. 그런데 내가 알고 있는 사람들 중에는 이와 같은 확신과 강인함이 없어서 무조건 심리요법 전문가들이 필요한 사람들도 있다. 자기 자신을 찾아가는 과정에 있는 그들에게는 도덕적인 요구를 내세우지 않고 자기를 응원해줄 전문가들이 필요하다. 실패한 심리요법과 성공한 심리요법에 대한 보고서들을 통해 심리요법 전문가들의 의식이 확대될 수 있는 가능성이 있다. 그렇게 되면 그들은 '부정의 교육'의 해독에서 해방될 수 있을 것이고, 아무 생각 없이 그것을 심리요법에 적용하는 일도 사라질 것이다.

부모와의 접촉에 대한 단절 여부가 결정적인 문제는 아니다. 그 분리과정, 곧 어린이에서 성인에 이르는 과정은 사람의 마음속에서 진행된다. 모든 접촉을 단절하는 것이 자신의 욕구에 따르기 위한 유일한 해결책이 될 때도 많다. 그러나 접촉이 의미심장해 보일 때도 있다. 이는 사람이 무엇을 견딜 것이고 무엇을 견디지 말아야 할 것인지 깨닫고 난 다음에야 가능하다. 다시 말해 이는 자기에게 무슨 일이 있었는지 알고 있을 뿐만 아니라 '그것이 자기에게 어떤 의미가 있는지', 곧 그것이 자기에게 어떤 영향을 미쳤는지에 대해서도 평가할 수 있게 된 다음에야 가능한 일이다. 사람마다 운명은 각기 다르다. 겉으로 드러난 관계의 형식은 무한히 바뀔 수 있다. 하지만 거기엔 가혹한 법칙성이 있다.

1. 오래된 상처는 이전의 희생자가 스스로 변하겠다는 결단을 내리고 자신을 존중하며, 어린 시절의 기대를 포기할 수 있을 때 비로소 아물 수 있다.
2. 아이들이 이해하고 용서한다고 해서 부모가 자동적으로 변하는 것은 아니다. 스스로 변하려고 해야만 변할 수 있다.
3. 상처에서 발생하는 고통을 부정하는 한 이전의 희생자, 또는 그의 자녀 가운데 누군가는 그 대가로 건강을 지불하게 될 것이다.

과거에 학대를 받았고, 결코 성장을 허락받지 못했던 아이는 평생 가해자의 '좋은 면'들을 정당하게 평가하려고 노력하며 기대를 건다. 그래서 엘리자베스도 오랫동안 다음과 같은 태도를 취했다. '우리 어머니는 종종 내게 책을 읽어주었는데, 그러면 나는 마음이 흐뭇했어요. 어머니가 나에게 비밀을 털어놓으며 걱정거리를 이야기해준 적도 여러 번 있었죠. 그럴 때면 나는 선택받은 아이 같은 기분이 들었어요. 그런 순간에는 어머니가 절대로 나를 때리지 않았기 때문에, 나는 위험을 느끼지 않았죠.'

이런 내용을 읽다 보면, 아우슈비츠에 도착하여 겪은 이야기를 쓴 임레 케르테스가 생각난다. 불안감을 떨치고 살아남기 위해서, 그는 모든 일에서 긍정적인 면을 찾아냈다. 하지만 아우슈비츠는 엄연히 아우슈비츠였다. 임레 케르테스가 극단적으로 인간을 모욕하는 이 시스템이 자기 영혼에 끼친 영향을 느끼고 헤아릴 수 있게 된 것은 수십 년이 지난 뒤의 일이었다.

부모가 자신의 잘못을 인정하고 그에 대해 사과를 하는데도, 케르테스와 그가 강제수용소에서 겪은 경험에 대해 언급하면서 부모를 용서해서는 안 된다는 말을 하고 싶지는 않다. 부모가 과감하게 감정을 느끼려고 하고 자기가 아이에게 가한 고통을 이해할 수 있으면, 부모를 용서할 수도 있다. 물론 이런 경우는 매우 드물다. 그보다는 예속상태가 지속되는 경우가 훨씬 더 많다. 게다가 노약해진 부모가 성장한 아이들에게 의지하려 하고 동정심을 자극하기 위해 책임전가라는 효과적인 수단을 동원할 경우에는, 종종 반대되는 예속상태가 형성되기도 한다. 처음부터 아이의 자기발전, 곧 어른으로의 성장을 방해해왔고, 아직도 이를 방해하고 있는 것이 바로 이 동정심이다. 이러한 아이는 부모가 원하지 않는 인생에 대해 욕구를 가지는 것에 늘 불안해한다.

부모가 원하지 않은 아이의 몸에는 그에 대한 정확한 지각이 억압된 형태로 저장되어 있다. '사람들이 나를 죽이려고 해요. 내 목숨이 위험해요.'라는 지각은 의식하기만 하면 성장과정에서 해소될 수 있다. 그런 다음에는 과거의 감정(불안, 스트레스)은 "그때는 내 목숨이 위험했지만 지금은 그렇지 않아요."라고 말하는 기억으로 변하게 된다. 과거의 감정과 슬픈 느낌에 대한 경험은 대개 이와 같은 의식적인 기억에 선행하거나, 그것을 동반한다.

느낌을 극복하려 하지 않고, 일단 이를 품고 사는 법을 배우게 되면, 앞으로는 몸의 증세를 위협이 아니라, 과거에 대한 유익한 암시로 여기게 될 것이다.

4
말해도 될까요?

 난 아직도 《넌 몰라도 돼》를 쓸 때 나를 따라다녔던 불안을 역력히 기억할 수 있다. 그때 나를 사로잡았던 것은, 교회는 갈릴레오 갈릴레이의 발견을 300년 동안이나 숨길 수 있었고, 진실을 철회하라는 강요를 받았을 때 갈릴레이의 몸이 맹목적으로 그에 반응했다는 사실이었다. 그러자 무력감이 나를 엄습했다. 난 내가 우연하게 불문율에 부딪혔다는 사실을 명확하게 파악하고 있었다. 이른바 어른의 복수심을 위해 어린이를 파괴적으로 이용하고, 사회에서 이러한 현실에 대해 언급하는 것을 금기시한 불문율에 부딪힌 것이다. 그것에 대해서 알면 안 된다고 말하는 불문율 말이다.
 이러한 금기를 깨겠다고 하면 반드시 가장 무거운 처벌을 각오해야 하는가? 나의 불안은 많은 것을 이해하는 데, 특히 금기를 깨면 처벌을 받을지 모른다는 이유로 프로이트가 자신의 지식을 배반했다는 사실을 이해하는 데 도움이 되었다. 사회의 기둥을 자극하지 않으려면, 또 그들의 공격을 받아 파문을 당하지 않으려면, 이제 나도 프로이트의 발자취를 따라서, 빈번한 아동학대와 그 결과에 대해 내가 인식한 사실을 철회해야 하는가? 나는 프로이트를 무한히 존경했던 그 많은 사람들이 보지 못했던 그의 자기기만을 보았는데, 그래도 괜찮을까? 지금도 기억할 수 있는 것은, 내가 나 자신과 타협하려고 하면서, 타협점을 찾을 수 있지 않을까, 진실 가운데 일부는 발표하지 않는 건 어떨까 하고 고민하기만 하면, 어김없이 육체적인 증세가 나타났다는 것이다. 소화불량이나 수면장애가 왔고, 우울하고 불쾌한 기분에 빠졌다. 나를 위해서는 타협이 있을 수 없다는 사실을 깨달았을 때, 이러한 증세들은 사라졌다.

책이 출간되고 난 뒤, 당시에도 내가 '집처럼 편안하게' 느껴왔던 전문가들의 세계에서, 나라는 개인과 책은 실제로 철저하게 배척당했다. 이러한 파문은 늘 있는 일이다. 그러나 어린 시절과 달리, 나의 삶은 더 이상 '가족'의 인정에 얽매여 있지 않았다. 그 책은 제 갈 길을 갔고 책에 진술한 내용은, 당시에는 '금지당했지만', 오늘날에는 비전문가뿐만 아니라 전문가들에게도 당연한 사실로 받아들여졌다.

그동안 많은 사람들이 프로이트의 행동에 대한 나의 비판에 합세했고, 아동학대의 무서운 결과에 대해서는, 대부분의 전문가들도, 최소한 이론적으로는 점점 더 주목하고 있다. 나 또한 죽임을 당하지 않았으며, 내 주장이 관철되는 것을 경험했다. 나는 이러한 경험을 통해 언젠가는 사람들이 이 책도 이해하게 될 것이라는 믿음을 얻는다. 처음에는 충격을 받겠지만 말이다. 왜냐하면 대부분의 사람들은 부모의 사랑을 기다리고 있으며, 이러한 기대를 빼앗기고 싶어 하지 않기 때문이다. 하지만 자기 자신을 이해하려고 하는 순간, 사람들은 당장 이 책을 이해하게 될 것이다. 자기가 알고 있는 것을 다른 사람들도 알고 있으며, 더 이상 어린 시절의 위험에 노출되어 있지 않다는 사실을 깨닫는 순간, 충격의 영향은 사라질 것이다.

지금 마흔 살인 유디트는 어렸을 때 아버지에게 매우 잔인하게 성적 학대를 받았다. 하지만 어머니는 그녀를 보호해주지 않았다. 부모와 헤어지고 난 뒤에 심리요법을 받으면서, 유디트는 억압을 극복하고 증상을 해소할 수 있었다. 그녀는 심리요법 덕분에 그전까지는 분열된 상태로 지니고 있던 불안을 느낄 수 있게 되었다. 그런데 심리요법을 받았는데도 그 불안은 오래도록 가시지 않았다. 그렇게 된 특별한 이유는 그녀를 담당한 여성 심리요법 전문가가 부모와의 접촉을 모조리 단절하면 건강을 완전히 회복할 수 없다는 견해를 가지고 있었기 때문이다. 그래서 유디트는 어머니와 대화를 나누려고 노력했지만, 그때마다 마주친 것은 총체적인 거부와 매도였다. 부모에게 절대 말해서는 안 되는 일이 있다는 사실을 그녀가 모른다는 것이 그 이유였다. 그녀의 어머니는 편지에, 부모를 비난하는 것은 "네 부모를 공경하라."는 계명을 어기는 행동으로, 하느님에 대한 모욕이라고 썼다.

어머니가 그런 반응을 보여준 것이 유디트에게는 도식에 사로잡혀 있는 그 심리요법 전문가의 한계를 깨닫는 데 도움이 되었다. 그 도식이 그녀에게 사람이 반드시 해야 할 일이나, 해도 되는 일이 무엇인지 잘 알고 있다는 확신을 준 것 같았다. 유디트는 잠시 다른 여성 심리요법 전문가를 찾아가 상담을 받았다. 그리고 이 전문가의 도움으로 그녀는 어머니와의 관계를 유지하라는 강제가 사라진 이후로 몸이 얼마나 자기에게 고마워하는가를 깨닫게 되었다.

어렸을 때에는 유디트에게 이러한 선택권이 없었다. 그녀는 무심하게 아이의 고통을 지켜보기만 하고, 아이가 무슨 표현을 하든지 판에 박은 듯이 대하는 어머니 곁에서 살 수밖에 없었다. 틀에 박힌 생각 이외에 뭔가 자신의 생각, 진실한 이야기를 했을 때 유디트에게 돌아오는 것은 거부뿐이었다. 그런데 아이는 그런 거부를 어머니의 상실과 같은 것으로 받아들인다. 그것은 아이에게 생명이 위험에 처한 것이나 마찬가지라는 의미로 다가온다. 첫 번째 심리요법에서는 이러한 위험에 대한 불안이 해소될 수가 없었다. 그녀를 담당한 심리요법 전문가의 도덕적인 요구가 이러한 감정에 계속해서 새로운 영양분을 공급했기 때문이다.

여기서 문제가 되는 것은 아주 미묘한 영향들인데, 이것들은 대개 우리 눈에 띄지 않는다. 그 영향들이 전통적인 가치들과 완벽하게 일치하고, 우리는 이 가치들과 함께 성장했기 때문이다. 이는 당연한 일이었다. 그리고 오늘날에도 모든 부모는 존경받을 권리를 갖고 있다. 그들이 어린 자녀에게 파괴적인 행동을 저질렀더라도 말이다. 하지만 이와 같은 가치체계와 결별하겠다고 결심하는 순간, 우리는 느끼게 된다. 성인이 된 어느 여성에게 그녀를 난폭하게 학대했거나, 그 학대를 말없이 지켜보기만 했던 부모를 존경해야 한다고 말하는 것이 얼마나 괴기한 짓인가를 말이다.

그러나 사람들은 이와 같은 불합리한 행동을 정상적인 것으로 간주한다. 놀랍게도 널리 인정받는 심리요법 전문가와 저자들조차도 성공적인 심리요법의 절정은 '부모를 용서하는 것'이라는 관념에서 벗어나지 못하고 있다. 물론 그런 관념을 확신 있게 옹호하는 현상은 몇 년 전에 비해 줄어들었다. 하지만 그렇다고는 해도 아직도 그것에 거는 기대가 엄청나게 크며, 거기엔 '네 번째 계명'을 존중하지 않으면 고통을 받을 것이라는 메시지가 담겨 있다.

위에서 언급한 저자들도, 서둘러서는 안 되며, 심리요법 초기에는 용서를 하기보다 먼저 절실한 감정을 드러낼 수 있게 해야 한다는 의견을 피력할 때가 가끔 있다. 그런데 그들은 언젠가는 반드시 적절한 성숙함에 도달해야 한다는 점에 대해서 대부분 일치된 의견을 보인다. 이런 전문가들은 언젠가 부모를 진심으로 용서할 수 있게 된다면, 이것이야말로 아름답고 중요한 일이며, 또 당연한 일이라고 여긴다.

나는 이런 의견이 잘못되었다고 생각한다. 우리의 몸은 가슴으로만 이루어진 것이 아니며, 우리의 두뇌는 종교수업을 통해 이와 같은 불합리와 모순을 억지로 주입하는 용기가 아닌, 자기에게 일어난 일에 대해 완벽한 기억을 지니고 있는 생명체이기 때문이다. 이것을 철저하게 인식할 수 있는 사람은 다음과 같이 말할지도 모른다. "하느님이 나에게, 내가 보기에 모순을 포함하고 있고 내 생명에 해를 끼치는 것을 믿으라고 요구할 수는 없다."고 말이다.

진실을 향해 가는 우리를 곁에서 지켜주기 위해, 만일 필요하다면 심리요법 전문가들이 우리 부모의 가치체계에 저항할 것이라고 기대할 수 있을까? 나는 우리가 심리요법을 받고 있다면, 특히 자기 몸의 메시지를 스스로 진지하게 받아들일 수 있는 정도가 되었다면 저항해도 되며, 또 반드시 저항해야 한다고 믿어 의심치 않는다. 예를 들어 젊은 여성인 다그마는 편지에 이렇게 썼다.

우리 어머니는 심장병으로 고생하고 있어요. 난 어머니에게 잘해주고 싶고 침대에서 함께 이야기도 나누고 싶어요. 그래서 할 수 있는 한 어머니에게 다가가려고 노력하죠. 그런데 그럴 때마다 견딜 수 없는 두통이 엄습해요. 밤에는 땀에 흠뻑 젖은 채 잠에서 깨어나 우울하고 불쾌한 감정에 빠져 있다가, 끝내는 자살충동을 느끼죠. 꿈속에 어린 시절의 내가 보여요. 아이는 어머니에게 질질 끌려가면서 계속 악을 쓰고 울어요. 내가 이 모든 것과 어떻게 화해를 할 수 있을까요? 그래도 어머니이기 때문에, 나는 다가가야만 하죠. 하지만 난 나를 죽이고 싶지 않아요. 병들고 싶지 않다고요. 내겐 내 곁에 지켜 서서, 안정을 얻을 수 있는 방법을 말해줄 사람이 필요해요. 나 자신을 속이고 싶지 않아요. 또 착한 딸 노릇을 하면서 어머니도 속이고 싶지 않고요. 그렇다고 무정한 딸이 되고 싶지도 않고, 몸이 아픈 어머니를 혼자 내버려두고 싶지도 않아요.

다그마는 몇 년 전에 한 심리요법을 마쳤고, 그때 어머니의 잔인한 행동을 용서했다. 그런데 중병을 앓고 있는 어머니를 바라보자 어린 아이의 오래된 감정이 되살아났다. 그녀는 어찌할 바를 모른 채 그 감정과 마주 보며 서 있었다. 어머니, 사회, 심리요법 전문가의 기대에 부응하지 못하느니 차라리 죽고 싶었다. 그래서 결국 사랑스런 딸로서 기꺼이 어머니 곁을 지키려고 했다. 그러나 자신을 속이지 않고는 그렇게 할 수가 없었다. 몸이 그녀에게 단호하게 말하고 있었다.

이런 이야기를 예로 들어 죽음 앞에 있는 부모의 곁을 사랑을 가지고 지키지 말라는 주장을 하려는 것이 아니다. 내 말은 각자 자기에게 정직하다고 생각되는 행동을 스스로 결정해야 한다는 것이다. 그러나 우리 몸이 과거에 겪었던 학대에 대해 분명하게 기억하고 있다면, 몸이 하는 말을 진지하게 받아들이는 것 이외에 다른 선택이 없다. 죽음과 싸우고 있는 여인을 곁에서 돕는 데는 낯선 사람이 훨씬 더 효과적일 때가 많다. 그들은 그 여인으로 인해 고통을 받지 않았기 때문이다. 그들은 구태여 거짓행동을 할 필요가 없고, 또 그 대가로 우울증을 겪지 않아도 된다. 자신을 속이지 않고도 환자에게 동정을 베풀어줄 수 있는 것이다.

물론 아들이나 딸은 완고하게 버티며 솟아나려고 하지 않는 좋은 감정을 불러일으키기 위해 노력할 수는 있다. 하지만 이는 헛수고에 지나지 않는다. 그런 감정이 일어나지 않는 까닭은 성인이 된 자녀들이 여전히 온갖 방법을 동원하여 계속 부모에게 매달리며 기대를 버리지 않고, 최소한 마지막 순간에라도 죽어가는 부모에게서 이를 충족하고 싶어하기 때문이다. 살면서 그런 기대가 충족된 적은 한 번도 없었기 때문이다. 다그마는 편지에서 이렇게 이야기했다.

우리 어머니와 이야기할 때마다, 나는 몸속에 독이 스며들고 궤양이 생기는 걸 느끼죠. 하지만 나는 그걸 보면 안 돼요. 그걸 보면 죄책감이 들기 때문이에요. 그러면 궤양이 곪기 시작하죠. 내 기분도 우울해져요. 그러면 난 다시 내 감정을 용납하려고 노력해요. 내겐 그 감정들을 느끼고, 강렬한 내 분노를 바라볼 권리가 있다고 생각해요. 이렇게 하면, 다시 말해서 긍정적인 감정인 경우가 거의 없긴 하지만, 그래도 내 감정들을 받아들이면, 난 다시 공기를 마시며 숨을 쉬게 돼요. 난 나 자신이 진실한 감정에 머무는 것을 허락하기 시작하죠. 그러면 기분이 더 좋아지고 생동감을 느끼며 우울증이 사라져요.

그럼에도 난 마지못해 항상 어머니를 이해하고, 있는 그대로 받아들이며, 모든 것을 용서하려고 새로이 노력하죠. 그때마다 나는 그 대가를 치르느라 우울증에 빠져요. 이런 사실을 깨닫는 것만으로 상처를 치료하는 데 충분한지는 모르겠지만, 난 내 경험을 매우 진지하게 받아들이고 있어요. 내 첫 번째 심리요법 전문가는 그러지 않았죠. 그녀는 나와 내 어머니의 관계를 무조건 개선하고 싶어했어요. 그녀는 어머니와 나의 지금 관계를 받아들일 수가 없었어요. 나도 그랬고요. 그런데 나의 진실한 감정을 진지하게 받아들이지 않고 내가 어떻게 나를 존중할 수가 있겠어요? 그렇게 되면 난 내가 누구인지, 내가 누구를 존중하는지 도무지 알 수가 없거든요.

늙은 부모의 삶을 편안하게 해주고, 결국에는 부모에게 사랑받기 위해 지금과 다른 모습이 되려고 하는 소망은 이해할 만하다. 그런데 이러한 소망은 자기 자신에게 충실하고 싶은, 몸이 뒷받침하는 순수한 욕구와 모순을 이룰 때가 너무나 많다. 나는 이와 같은 욕구가 충족되는 순간, 자존심은 저절로 발달할 것이라고 생각한다.

5
억압당한 진실의 실체

얼마 전까지는 전문가들만이 연쇄살인 현상을 취급했다. 정신의학은 범인의 어린 시절을 거의 다루지 않았고, 범죄자를 변태적인 본능을 가지고 태어난 사람으로 간주했다. 이제는 이 분야에 어느 정도 변화가 일어나는 듯하고, 사람들의 이해가 깊어지는 조짐이 보이고 있다. 2003년 6월 8일, 《르몽드》지는 한 기사에서 파트리스 알레그레라는 범죄자의 어린 시절에 대해 놀랄 만큼 상세히 다루었다. 몇 가지 개별적인 이야기를 통해 이 사람이 여러 명의 여성을 성폭행하고 목 졸라 죽인 이유가 무엇인지 명확히 드러났다. 어떻게 해서 잔혹한 살인까지 저지르게 되었는지를 이해하는 데는 복잡한 심리학적 이론도, 선천적으로 악을 타고났을 것이라는 가정도 필요치 않았다. 아이가 성장한 가정의 분위기를 들여다보는 것만으로 충분했다. 그동안에는 범인의 가족생활에 눈을 돌리는 경우가 거의 없었다. 대개는 범죄자의 부모를 보호하고 책임도 묻지 않았기 때문이다. 하지만 《르몽드》지는 그렇지 않았다. 이 신문은 그가 범죄이력을 쌓게 된 원인에 대한 의혹을 말끔히 씻어줄, 어린 시절에 대한 이야기를 몇 단에 걸쳐 실었다. 파트리스 알레그레는 매우 젊은 부부의 첫째 아이였다. 하지만 부부는 아이를 전혀 원하지 않았다. 아버지는 경찰관이었는데, 파트리스는 재판에서 자기 아버지는 집에 오기만 하면 자기를 때리고 욕설을 퍼부었다고 했다. 그는 아버지를 미워했고, 겉으로는 자기를 사랑한다고 하는 어머니에게 몸을 피했다.

아이는 어머니가 시키는 대로 충직하게 행동했다. 그녀는 매춘부였다. 사건 감정인은 그녀가 아들의 몸을 통해 근친상간적인 만족을 추구했을 것으로 추정했다. 또한 그것 말고도, 자기가 고객을 상대하는 동안 보초를 서줄 역할을 위해서도 소년이 필요했을 것이다. 아이는 문을 지키고 서서 위험이 가까이 다가오면(추측건대 분노한 아버지가 도착하면), 어머니에게 이를 알려주었다. 파트리스는 옆방에서 무슨 일이 일어나고 있는지 항상 지켜보고 있어야 했던 것은 아니라고 이야기했다. 하지만 귀를 틀어막을 수는 없었다. 그는 어머니가 흐느끼며 신음하는 소리에 이루 말할 수 없는 시달림을 받았다. 아주 어렸을 때, 파트리스는 심지어 오럴섹스를 하는 어머니를 극도의 불안에 떨며 지켜본 적도 있었다.

훗날 범죄의 길에 빠져들지 않고 그러한 운명을 극복하는 데 성공한 아이들도 많이 있을 것이다. 어린이에게는 무한한 잠재력이 내재되어 있다. 끝내는 과음으로 세상을 떠난 '에드거 앨런 포', 비극적이고 혼란한 어린 시절을 이른바 300가지 이야기로 '다듬었지만', 남동생에 이어 정신병에 걸려 마흔두 살에 병원에서 목숨을 거둔 '기 드 모파상'처럼, 이런 어린이도 훗날 유명해질 수 있다.

파트리스에게는 그를 지옥에서 구출하여, 부모의 범죄를 범죄 그 자체로 인식할 수 있게 해줄 사람이 아무도 없었다. 그런 사람을 단 한 명이라도 만날 기회조차 그에겐 주어지지 않았다. 그렇게 그는 자기가 살고 있는 환경을 세계 그 자체로 여기게 되었고, 그 세계를 헤치고 살아가기 위해, 그리고 절도와 마약, 폭력에 의지하여 부모의 절대적인 힘에서 벗어나기 위해 물불을 가리지 않았다.

그는 법정진술에서 성폭행을 할 때, 한 번도 성적인 욕구를 느껴본 적이 없었고, 다만 절대적인 힘에 대한 욕구만을 느꼈다고 했다. 완벽하게 진실과 일치한다고 추정할 수 있는 진술이다. 나는 파트리스의 이런 진술이 사법부에 이 사건이 무엇에 관한 사건인지를 증언해줄 수 있을 것으로 기대한다. 왜냐하면 거의 30년 전에 독일 법원은 아동살해범 위르겐 바르취에게 거세판결을 내렸기 때문이다. 범인은 자기 어머니에게 정신적으로 죽임을 당한 사람이었다. 그런데 독일 법원은 그를 거세하면 과도한 성적 충동을 어린이를 통해 발산하려는 행동을 막을 수 있을 것으로 기대했다. 이 얼마나 괴기하고 비인간적이며 무지한 처사인가?

살인자가 여성과 어린이들을 연쇄적으로 살해하는 순간에는, 과거에 무력했고 존중받지 못했던 아이가 꿈꾸었던 그 절대적인 힘에 대한 욕구가 작동하고 있다. 그리고 언젠가는 법원도 이 사실을 받아들이지 않을 수 없을 것이다. 그 무력함이 근친상간 경험으로 인한 성적 체험과 결부된 것이 아니라면, 그런 범죄는 성적인 것과는 거의 관계가 없다.

이런 사실을 모두 감안하더라도 파트리스 알레그레에게 살인 이외의, 다시 말하면 신음하며 흐느끼는 여성을 연쇄적으로 목 졸라 죽이는 것 이외의 다른 출구는 없었을까 하는 의문이 떠오른다. 그는 다양한 여성들의 모습에서 어린 자신을 고통의 나락으로 떨어뜨린 어머니를 발견했고, 그때마다 그녀를 목 졸라 죽이려고 했음이 분명하다. 제3자의 눈으로도 이런 정황은 금방 간파할 수 있다. 그러나 파트리스 스스로 그 점을 간파하기란 거의 불가능한 일이었다. 그래서 그에게 희생자가 필요했던 것이다.

그는 여전히 어머니를 사랑한다고 주장했다. 그런데 아무도 그를 도와주지 않았다. 다시 말해 어머니를 죽이고 싶다는 그의 욕구를 인정하고, 이를 의식하여 이해할 수 있게 해주고, 그렇게 하는 것을 허락해주는 '전문가 증인'을 만나지 못한 것이다. 그랬기 때문에 그의 내면에서는 살인욕구가 무한히 증식되었고, 어머니 대신 다른 여성들을 살해하도록 그를 충동했던 것이다.

'쉽게 그렇게 할 수 있을까?' 하고 의문을 제기하는 정신과 의사들이 많이 있을 것이다. 난 그럴 수 있다고 생각한다. 그것은 부모를 존경하기 위해, 부모가 마땅히 받아야 할 증오를 느끼지 않기 위해 우리가 여태껏 배워왔고, 배우지 않을 수 없었던 것보다 훨씬 더 간단한 것이다. 만약 파트리스가 증오의 감정을 의식 속에서 경험했더라면 그 증오 때문에 사람을 죽이는 일은 없었을 것이다. 그 증오는 종종 칭찬의 대상이 되기도 했던, 어머니에 대한 그의 애착에서 비롯되었고, 그 애착이 결국 그를 살인의 길로 내몰았던 것이다.

어린 시절에 그가 구원을 기대할 수 있었던 사람은 어머니뿐이었다. 아버지와 함께 있으면 그는 늘 생명의 위협을 느꼈다. 끊임없이 아버지의 폭력에 위협을 당하는 아이가 자기가 어머니까지 증오하고, 또 적어도 어머니에게 아무런 도움도 기대할 수 없다는 것을 알게 되었다고 가정해보자. 과연 아이는 그 사실을 감당할 수 있었을까? 결국 환상이 만들어질 수밖에 없었고, 아이는 그것에 매달릴 수밖에 없었던 것이다. 하지만 그 환상에 대한 대가를 치른 것은 훗날 그의 살인충동에 제물이 된 수많은 희생자들이었다. 감정을 압살하지 않았다면, 어머니에 대한 실망을, 심지어 어머니를 목 졸라 살해하고 싶다는 욕구를 의식 속에서 경험했다면, 그는 그 누구도 살해하지 않았을 것이다. 그가 살인자가 된 것은 욕구를 억압했기 때문이다. 다시 말하면 무의식 속에서 어머니에게 느낀 모든 부정적인 감정, 곧 치명적인 행동을 저지르도록 그를 충동한 모든 부정적인 감정을 분리시켰기 때문이다.

6
마약—몸의 기만

  어린 시절에 나는 분노, 노여움, 고통, 불안과 같은 마음의 상처에 대해 자연스럽게 일어나는 반응을 억압하는 방법을 배워야만 했다. 반응을 보이면 처벌이 기다리고 있었기 때문이다. 심지어 학창시절에는 감정을 억제하고 자제하는 나의 재능을 나 스스로 자랑스러워하기까지 했다. 이런 능력을 도덕이라고 생각했기 때문에 내 첫아이도 그런 능력을 보여줄 것으로 기대했다. 이런 생각에서 벗어날 수 있게 된 다음에야 나는 마음의 상처에 적절한 방법으로 반응하고 우호적인 환경에서 자신의 감정과 교류하는 것을 금지당하는 어린이의 고통을 이해할 수 있었다. 자신의 감정과 교류해본 경험이 있는 어린이는 훗날 인생을 살아가면서 감정을 두려워하는 것이 아니라 그것이 지향하는 지점을 찾아내게 될 것이다.

  안타깝게도 많은 사람들이 나와 비슷한 상황을 겪었다. 어린 시절 그들에겐 절실한 감정을 드러내는 것도, 이를 경험하는 것도 용인되지 않았다. 하지만 그들은 훗날 그것을 그리워했다. 그리고 심리요법을 통해 많은 사람들이 억압된 감정을 찾아내어 이를 경험하는 데 성공할 수 있었다. 그렇게 되면 이 감정은, 그들이 자신의 과거를 통해서 이해할 수 있고, 더 이상 두려워할 필요가 없는 의식 속의 감정으로 바뀌게 된다. 그런데 어떤 사람들은 이런 방법 그 자체를 기피한다. 자기가 겪은 비극적인 경험을 그 누구에게도 털어놓을 수 없거나, 털어놓고 싶지 않기 때문이다.

요즘 같은 소비사회에서는 그들만 그러는 것이 아니다. 오늘날에는 감정을 드러내지 않는 것이 품위 있는 태도에 속한다. 예외적인 상황, 곧 알코올과 마약의 힘을 빌리고 난 다음의 경우를 제외하고는 그렇다. 이 같은 경우 외에 (다른 사람과 자기 자신의) 감정은 거침없이 조롱을 당한다. 오락산업과 저널리즘은 풍자예술에 대해 종종 큰 대가를 지불하곤 한다. 그 때문에 사람들은 감정을 효과적으로 억압하여 큰 돈을 벌 수도 있다.

자기 자신에게 접근하는 통로를 완전히 상실하고 가면 속에서 허구의 인격으로만 살아야 하는 위험에 빠졌을 때에도, 그들은 항상 풍부하게 널려 있는 마약과 술, 약물을 향해 손을 내밀 수 있다. 조롱을 통해 그만큼 넉넉하게 돈을 벌었기 때문이다. 알코올은 유쾌한 기분을 유지하는 데 도움을 준다. 알코올보다 더 강한 마약으로는 훨씬 더 효과적으로 유쾌한 기분을 느낄 수 있다. 하지만 이런 감정은 진실하지 못하고 몸의 진정한 과거와 연결되어 있지 않기 때문에, 그 효과가 한시적일 수밖에 없다. 어린 시절이 남긴 구멍을 메우기 위해서는 갈수록 더 많은 양을 필요로 하게 된다.

2003년 7월 7일자 《슈피겔》지의 한 기사에서 기자로서, 그것도

《슈피겔》에서 성공적으로 일하고 있던 한 젊은이는 자기가 수년 동안 헤로인중독에 빠져 지냈다고 밝혔다. 난 그의 진실하고 솔직한 태도에 큰 감동을 받았다. 여기 그 기사 가운데 일부를 인용한다.

많은 직업에서 사람들은 창의력을 발휘하기 위해 마약을 복용하는 것이 성공에 도움이 된다고 여긴다. 경영자와 음악가, 대중매체의 스타들은 알코올과 코카인, 또는 헤로인의 힘으로 자신을 채찍질한다. 확고한 기반을 다진 기자이면서 만성적인 마약중독자인 한 사람이 자신의 중독 증세와 이중생활에 대해 이야기하려고 한다.
크리스마스 이틀 전에 나는 내 여자친구를 목 졸라 살해하려고 했다. 지난 몇 년 동안, 해가 바뀌는 그 주가 되면 항상 그런 일이 되풀이되었다. 그때가 되면 내 생활은 엉망진창이 되었다. 15년 전부터 나는 헤로인중독에서 벗어나려고 몸부림치고 있다. 때로는 성공한 적도 있고, 그렇지 못할 때도 있었다. 수십 번이나 해독을 시도했고, 장기간 입원하여 치료를 받은 적도 두 번이나 있었다. 몇 달 전부터 다시 나는 매일 헤로인을 투약하고 있다. 코카인을 섞어서 주사할 때도 자주 있다.

그는 그렇게 마음의 안정을 유지하게 되었다.

거의 2년 동안 내겐 만사가 형통했다. 나는 그동안에 우리나라에서 가장 재미있는 여러 신문에 글을 써서 상당히 많은 돈을 벌었고, 여름에는 구식 건축양식으로 된 널찍한 집으로 이사했다. 그리고 가장 중요한 건, 어쩌면 내가 다시 사랑에 빠졌다는 사실일 것이다. 크리스마스를 코

앞에 둔 바로 그날 밤, 내 여자친구가 나무로 된 마룻바닥에 누워 있는데, 내 밑에 깔려 버둥거리는 것이었다. 그리고 내 손은 그녀의 목에 가 있었다.

불과 몇 시간 전에, 나는 이 두 손을 감추기 위해 필사적인 노력을 기울였다. 그때 나는 한 호텔 특실에 앉아 독일의 어떤 유명한 감독과 인터뷰를 하고 있었다. 얼마 전부터 나는 손등과 손가락에 난 작은 핏줄에 주사를 놓을 수밖에 없었는데, 팔의 정맥이 완전히 망가졌기 때문이었다. 그러다 보니 내 손은 마치 공포영화에 나오는 손처럼 보였다. 부풀어오르고 염증이 나고 군데군데가 찔려 망가진 상태였다. 난 소매가 아주 긴 스웨터만을 입고 다녔다. 계절이 겨울이어서 그나마 다행이었다.

그 감독의 손은 가느다랗고 예뻤다. 그는 쉬지 않고 손을 움직였다. 그가 생각에 잠길 때면 그의 두 손은 내 녹음기를 가지고 놀았다. 감독은 두 손으로 자신의 세계를 형성해가는 것 같았다.

나는 대화에 집중하기가 힘들었다. 비행기를 타고 갈 수밖에 없었기 때문에, 이륙하기 몇 시간 전에 마지막 주사를 놓아야만 했다. 헤로인을 기내에 몰래 가지고 들어가는 일은 너무나 위험해 보였다. 그리고 나는 매일 정해진 양만을 구입함으로써 헤로인의 양을 최소한 초기 주사량 선에서 유지하려고 애썼다. 그래서 하루가 끝날 무렵이 되면, 견디기 힘들어질 때가 자주 있었다. 난 불안해졌고 식은땀이 마구 흘렀다. 집으로 가고 싶었다. 그것도 당장. 할 수 없이 주의를 다른 곳으로 돌리려고 했더니 육체적으로 힘이 많이 들었다. 그래도 인터뷰를 끝낼 수는 있었다.

내가 금단의 고통보다 더 두려워하는 것이 있다면, 그것은 직장을 잃는다는 상상이다. 나는 열일곱 살 때부터 글쓰기로 돈을 벌겠다는 꿈을 가지고 있었고, 거의 10년 전에 내 꿈은 현실이 되었다. 나의 일이 인생에서 내게 남은 최후의 것으로 보일 때도 종종 있었다.

그는 인생에서 남은 최후의 것이 일이라고 했다. 그리고 일은 지배를 의미했다. 그렇다면 진정한 삶은 어디에 있었을까? 감정은 어디에 있었을까?

그래서 나는 일에 매달렸다. 하지만 일을 주문받을 때면 항상, 더 이상 성장하지 못할지도 모른다는 불안이 나의 내면을 갉아먹었다. 어떻게 여행을 견뎌내고 인터뷰를 하고 글을 쓸 수 있었는지 나 자신도 이해할 수가 없었다.

그렇게 나는 그 호텔방에 앉아 실패할지도 모른다는 불안, 수치, 자기증오, 마약에 대한 욕구에 시달리며 영화감독과 이야기를 나누었다. '망할 놈의 45분만 견디면 돼. 그러면 넌 그것들을 모두 이겨낼 수 있어.' 그러면서 난 그 감독이 손짓으로 자기가 말한 문장들을 틀 속에 집어넣는 모습을 지켜보았다. 그리고 몇 시간이 지난 뒤에, 나는 내 손이 여자친구의 목을 조르고 있는 것을 쳐다보고 있었다.

약효가 지속되는 동안에는 자신의 진정한 감정을 느낄 필요가 없을 정도로 마약이 그의 불안과 고통을 억제해줄 수 있을 것이다. 그러나 약효가 떨어지면 그가 경험하지 못했던 이 감정들이 그만큼 더 거세게 그에게 달려들 것이다. 바로 여기 그의 모습에서처럼 말이다.

인터뷰를 마치고 돌아가는 길은 고문과도 같았다. 택시 안에서 벌써 나는 의식이 몽롱해졌다. 녹초가 되어 열에 시달리며 옅은 잠에 빠졌다가도, 연신 깜짝 놀라며 다시 깨어났다. 식은땀이 내 살갗을 뒤덮으며 얇은 막을 이루었다. 비행기를 놓칠 것 같았다. 한 시간 반을 더 기다려야 마약을 주사할 수 있다고 생각하니 견딜 수가 없었다. 난 90초 간격으로 시계를 쳐다보았다.

'마약중독이 시간을 너의 적으로 만들고 있다. 너는 기다린다. 끊임없이 반복되는 올가미 속에서. 늘 새로운 주사를. 고통의 끝을, 마약밀매꾼을, 다음에 받을 돈을, 마약해독을 할 수 있는 자리를, 아니면 단순히 하루가 끝나기만을…… 마침내 모든 것이 끝나기를 기다린다. 주사를 놓고 나면 시계는 네가 두려워하는 시간을 향해 다시 쉬지 않고 흘러간다. 중독에 빠진 사람에게는 아마도 그것이 가장 두려운 일일지 모른다. 중독은 모든 것을, 또 모든 사람을 너의 적으로 만든다. 시간을, 성가신 욕구를 통해서만 주의를 끄는 너의 몸을, 네 능력으로는 걱정을 해결해줄 수 없는 가족과 친구들을, 네 능력으로는 감당할 수 없을 것 같은 요구만을 제기하는 세상을. 중독처럼 단호하게 삶을 규정하는 것은 없다. 중독은 의혹의 여지, 결단의 여지를 허락하지 않는다. 마약의 양이 얼마나 있느냐에 따라 만족의 정도가 결정된다. 중독이 세계의 질서를 정한다.'

오늘 오후 나는 집에서 불과 몇백 킬로미터 떨어진 곳에 있었다. 그러나 내겐 그것이 세계의 끝처럼 느껴졌다. 집에 있다는 것은 마약이 나를 기다리는 곳에 있다는 뜻이다. 나는 비행기에 올랐다. 그것으로는 나의 불안을 짧은 시간밖에 진정시킬 수가 없었다. 출발이 지연되었다. 나는 다시 의식이 몽롱해졌고, 눈을 떠서 비행기가 여전히 활주로에 서 있는 것을 확인할 때마다 울부짖고 싶었다. 금단현상이 서서히 내 사지로 기어들어와 뼈를 꽉 깨물었다. 마치 근육과 힘줄들이 오그라들기라도 하는지 팔다리의 안쪽이 찢어지는 것 같았다.

추방당했던 감정들이 다시 접근하여 몸을 향해 덤벼들고 있는 것이다.

집에 오니, 모니카가 나를 기다리고 있었다. 그녀는 오후에 우리에게 마약을 파는 흑인 청년에게 가서 헤로인과 코카인을 사왔다. 나는 비행기로 떠나기 전에 그녀에게 마약을 살 돈을 주었다. 그것은 극히 인간적인 거래였다. 나는 돈을 벌어왔고, 그녀는 밖에 나가 마약을 구해왔다.
나는 모든 마약중독자를 증오했으며, 가능하면 그러한 범주의 사람들과 관계를 맺고 싶지 않았다. 그리고 일을 할 때는, 할 수 있으면 전자우편과 팩스를 통해서만 담당 편집자와 접촉을 유지했다. 자동응답기가 전하는 소식을 들어보고 일을 더 이상 미룰 수 없겠다는 생각이 들면, 그때 비로소 전화기를 들었다. 친구들과 대화를 나누지 않은 지도 벌써 오래되었고, 또 어쨌든 그들과 할 이야기도 없었다.
지난 몇 주 동안에는 자주 욕실에 들어가 몇 시간씩 앉아서 아직 완전히 파손되지 않은 혈관을 찾기 위해 씨름을 하곤 했다. 정맥이 부식된 것은 다른 무엇보다도 코카인 때문이었다. 나머지 혈관들이 망가진 것은 멸균처리가 안 된 주사기로 수없이 약을 투입한 탓이다. 욕실에 있으면, 욕조와 바닥에는 핏자국이 엉겨 있고 벽과 천장에는 피가 튀어 있는 것이, 마치 푸줏간 속에 있는 듯한 느낌이 들었다.

이날 나는 중도에 금단현상에서 벗어났다. 헤로인을 약 1그램 정도 우선 흡입했기 때문이다. 그 갈색 가루를 알루미늄 그릇에 놓고 밑에서 열을 가한다. 가루가 기체로 변하면, 그 연기를 코로 들이마신다. 가능한 한 깊이……. 마약은 허파를 지나 우회할 수밖에 없기 때문에 약 기운이 나타날 때까지는 몇 분 더 기다려야 한다. 몇 분도 '영원'이다. 황홀한 기운이 느릿느릿 조심스럽게 머릿속으로 올라온다. 그리고 그 구원의 환각상태가 정지된다. 오르가즘 없는 섹스와 조금은 비슷하다.

그 밖에도 코로 들이마시는 것은 내게는 고문이었다. 난 천식환자다. 코로 마신 지 얼마 지나지 않았는데 내 허파에서 벌써 그르렁거리는 소리가 들렸다. 한 번 들이마실 때마다, 칼에 찔리듯 고통스럽고 메스껍고 구역질이 났다. 주사를 놓는데 바늘이 들어가지 않을 때마다 내 불안감은 점점 고조되었다.

내 머리는 영상들, 곧 지극히 황홀하고 믿을 수 없을 정도로 강렬했던 순간들에 대한 기억으로 가득 찼다. 열네 살 때 대마초에 열광하던 기억이 났다. 대마초를 피우자, 갑자기 음악이 들리는 데서 그치지 않고 몸에 느낌으로 전달되었기 때문이었다. LSD의 환각에 취해, 놀라서 입을 멍하니 벌린 채 보행자신호등 앞에 서 있는데, 신호등 색깔이 변할 때마다 내 뇌 속에서 불꽃이 폭발하던 것도 기억났다. 내 옆에 있던 친구들과 나는 마술처럼 하나가 되어 있었다. 처음으로 마약을 주사하던 기억도 있었다. 첫 마약도 첫 섹스 못지않게 날 사로잡았다. 헤로인과 코카인을 혼합하여 투약하자, 격렬한 흥분으로 온몸이 떨릴 정도로 내 모든 신경세포가 세차게 흔들리던 것도 기억났다. 살과 뼈로 된 거대한 중국 징이 울리는 것 같았다. 모든 것을 진정시켜주는 헤로인의 효과에 대해서도 기억이 났다. 그것은 일종의 영혼의 유연제 같은 것으로, 태포(胎胞)가 태아를 감싸주듯 따뜻하게 감싸줄……

이 남자는 마약을 투여하지 못할 때, 진정한 욕구와 감정들이 얼마나 거세게 솟구치는지를 아주 명확하게 표현하고 있다. 결핍, 고독, 분노와 같은 진정한 감정들은 극심한 공포감을 조장한다. 그때마다 그는 헤로인의 힘을 빌려 이와 싸우는 수밖에 없다. 그와 동시에 바람직하고 긍정적인 감정을 '생산'하기 위해 마약으로 몸을 조작해야 한다. 향정신성의약품과 같은 합법적인 마약을 섭취할 때에도 물론 이와 동일한 메커니즘이 작동한다.

약물의 강제력에 종속될 경우, 이는 치명적인 결과를 불러올 수 있다. 그것이 진정한 감정과 느낌에 이르는 길을 봉쇄하기 때문이다. 과거에 폭력적인 교육 때문에 상실했던 창의력을 자극해줄 황홀한 감정을 마약에 의존하여 얻을 수는 있다. 하지만 몸은 이러한 자기소외를 평생 너그럽게 참아주지 않는다. 우리는 카프카와 다른 사람들에게서 글쓰기나 그림 그리기와 같은 창조적인 활동도 일정기간 동안에는 생존에 도움을 줄 수 있다는 것을 확인했다. 그러나 자신의 과거에 대해 아는 것을 두려워할 때는, 그런 활동을 해도 한 인간이 어린 시절에 받은 학대 때문에 잃어버린, 자기 본연의 삶의 근원에 이르는 길을 밝혀내지는 못한다.

특히 랭보는 이에 대한 충격적인 예를 우리에게 보여주고 있다. 마약은 그가 실제로 필요로 했던 영혼의 양식에 대한 대용품이 될 수 없었다. 랭보의 몸은 자신의 진정한 감정에 대해 속지 않았다. 랭보가 자신을 처벌하는 대신에 어머니가 끼친 파괴적인 영향을 속속들이 깨달을 수 있도록 도와줄 사람을 만나기만 했다면, 그의 삶은 다른 방향으로 흘러갈 수 있었을지도 모른다. 하지만 어머니에게서 도망치려는 노력은 모조리 실패로 돌아갔고, 그때마다 그는 어쩔 수 없이 다시 어머니에게 돌아가야 했다.

폴 베를렌도 이른 나이에 세상을 떴다. 그는 쉰한 살에 비참하게 죽었는데, 외적인 사망원인은 가진 돈을 한 푼도 남기지 않고 탕진하게 만든 마약중독과 알코올중독이었다. 그러나 내적인 원인은, 다른 많은 사람들의 경우처럼 의식의 부족, 다시 말하면 어머니의 (종종 돈을 이용한) 간섭과 조종을 군말 없이 감수하라는, 보편적으로 통용되는 계명에 대한 복종에 있었다. 젊은 시절에 약물을 통한 자기조작에 의존하여 자신을 해방할 수 있기를 간절히 희망했던 베를렌은 그 뒤로 결국 자기에게 돈을 대주는 여성들, 매춘부로 추정되는 여성들에게 얹혀살았다.

마약이 매번 예속과 어머니의 강제로부터 사람을 해방시켜주는 기능을 하는 것은 아니다. 어머니가 남긴 구멍을 메우려는 노력의 일환으로 (알코올, 담배, 의약품과 같은) 합법적인 마약을 소비하는 경우가 종종 있다. 그것은 아이가 어머니에게서 섭취해야 하는 영양분을 받지 못했고, 훗날에도 그것을 발견할 수 없었기 때문이다. 마약에 중독되지 않은 상태에서 이러한 빈틈은 문자 그대로 물리적인 허기, 다시 말하면 수축하는 위장 속에서 굶주림 때문에 일어나는 경련으로 느껴진다. 중독증의 초석은 십중팔구 인생의 초기에 놓여진다. 거식증과 음식장애도 마찬가지다. 이는 몸이 옛날 이른 어린 시절에 자기에게 뭔가 절실하게 '필요한' 것이 있었음을 분명하게 드러내고 있는 현상이다. 하지만 감정이 차단되어 있으면 몸의 메시지는 오해를 받는다. 그렇게 되면 어린 아이가 처해 있던 곤란한 상황이 오늘의 어려운 상황으로 잘못 등록된다. 그러므로 현재에 그것을 극복하려는 모든 시도는 실패로 돌아갈 수밖에 없는데, 오늘날의 우리는 그 당시와는 다른 욕구를 가지고 있기 때문이다. 만일 오늘날의 욕구들이 우리의 무의식 속에서 과거의 욕구와 더 이상 연결되어 있지 않다면, 우리는 그 가운데 많은 것을 충족할 수 있게 될 것이다.

7
진실과 대면할 권리

한 여성이 내게 편지를 보냈다. 그녀는 수십 년에 걸쳐 심리요법을 받으면서 때로는 위험하기까지 했던 부모의 육체적인 공격을 너그럽게 봐주려고 노력했다고 한다. 어머니가 정신병으로 고통을 겪고 있는 것이 분명했기 때문이었다. 이렇게 억지로 관용을 베풀려고 하면 할수록 딸은 더 깊이 우울증에 빠져들었다. 그녀는 마치 감옥에 갇힌 듯한 느낌이 들었다. 그나마 유일하게 그림에 의지할 수 있었기 때문에 자살충동에서 벗어나 삶에 매달릴 수 있었다. 전시회를 마치고 나서 그녀는 그림들을 팔았고, 매니저 몇 사람이 그녀에게 큰 희망을 안겨주었다. 기쁜 마음으로 어머니에게 그 사실을 이야기하자 어머니도 그녀처럼 기뻐하면서 이렇게 말했다. "이제는 돈을 많이 벌게 될 테니 네가 날 보살필 수 있겠구나."

이 편지를 읽다 보니 내가 알던 클라라가 기억났다. 그녀는 지나가는 말로 내게 이렇게 이야기한 적이 있다. 퇴직하던 날이었다고 했다. 그녀가 제2의 인생이라며 손꼽아 기다리던 퇴직이었다. 홀아 비로 지내긴 했지만 건강하고 사업 능력도 있는 아버지가 그녀에게 "이제 시간이 충분하니 내 사업을 돌봐줄 수 있겠구나." 하고 말했다는 것이다. 평생 동안 자기보다는 다른 사람을 더 보살펴왔던 클라라는 이 말이 자기에게 무거운 짐을 안기는 새로운 제안이라는 것을 전혀 깨닫지 못했다. 그녀는 웃으면서 유쾌한 기분으로 그 이야기를 했다. 가족들도 그녀가 자유로워졌으므로, 오랫동안 비서로 일하다 얼마 전에 세상을 떠난 여직원의 역할을 대신할 수 있을 것이라고 생각했다. (이 가련한 클라라가 자유시간을 아버지를 위해 희생하는 것 이외에 무엇을 위해 쓸 수 있겠는가?)

하지만 몇 주일이 지난 뒤, 클라라가 벌써 췌장암으로 고생하고 있다는 소식이 들려왔다. 그리고 얼마 안 있어 그녀는 목숨을 잃었다. 그동안 클라라는 내내 심한 통증에 시달렸다. 나는 그녀에게 아버지가 한 말을 상기시켜주려고 했지만 소용이 없었다. 그녀는 아버지를 사랑했고, 병 때문에 돕지 못하는 것을 안타까워했다. 클라라는 왜 자기가 이런 고통에 시달려야 하는지 그 이유를 알지 못했다. 그녀는 아팠던 적이 거의 없었다. 모두가 그녀의 건강을 부러워할 정도였다. 클라라는 자신의 관습의 틀 안에서 대단히 건강하게 살았다. 아마도 그녀는 자신의 진정한 감정에 대해서는 거의 몰랐을 것이다. 그러자 몸으로서는 신호를 보내지 않을 수 없었던 것이다. 그런데 안타깝게도 가족 중에는 그녀가 그 신호의 의미를 해석할 수 있도록 도와준 사람이 아무도 없었다. 성장한 그녀의 자녀들에게는 그럴 용의도, 또 그럴 능력도 없었다.

그런데 앞에서 언급한 화가의 경우는 달랐다. 그림이 잘 팔린다는 소식에 대해 어머니가 보인 반응을 접했을 때, 그녀는 뚜렷이 분노를 느꼈다. 그때부터 몇 달 동안 딸의 기쁨은 시들해졌다. 그림을 그릴 수가 없었고, 다시 우울증에 빠져들었다. 그녀는 어머니도, 또 어머니를 두둔하는 친구들도 찾지 않기로 작정했다. 또한 친지들에게 어머니의 상태를 숨기려 애쓰지 않고 알리기 시작했다. 그리고 이제 그녀는 에너지와 함께 그림 그리는 일에 대한 즐거움을 되찾았다.

그녀가 에너지를 되찾을 수 있었던 것은, 어머니에 대한 일체의 진실을 받아들이고 서서히 애착을 포기했기 때문이다. 다시 말하면 특히 동정과 기대, 곧 어머니가 언젠가는 자기를 사랑할 수 있도록 하기 위해 자기가 어머니를 행복하게 해줄 수 있다는 기대를 포기했기 때문이다. 그녀는 이런 어머니를 사랑할 수 없다는 사실을 받아들였다. 그리고 이제는 그 이유를 정확하게 알고 있다.

이렇게 긍정적인 결과로 끝나는 이야기는 매우 드물다고 할 수 있다. 하지만 우리를 학대했던 부모에게 고마워하며 희생을 치를 의무가 없다는 인식에 도달할 수 있다면, 그때부터는 이런 사례가 늘어날 것이다. 지금까지 우리는 허깨비에게, 다시 말하면 결코 존재하지도 않는 이상화된 부모를 위해 희생해왔다.

왜 우리는 허깨비를 위해 계속 희생하고 있는가? 왜 우리는 지나간 고통에 대한 기억을 되살려주는 관계에 집착하는 것일까? 적절한 낱말을 찾아내고 올바른 행동을 취하고 올바른 이해를 도모하기만 하면, 언젠가는 이 관계가 변할 것이라는 희망을 품고 있기 때문이다. 하지만 그것은 어린 시절에 우리가 사랑받기 위해 했던 것처럼 다시 우리를 쥐어짜겠다는 소리나 마찬가지다. 성인이 된 지금,

우리는 우리의 노력이 악용되었고, 그것은 결코 사랑이 아니었다는 것을 알고 있다. 그런데 왜 우리는, 그 이유야 어찌 되었든, 우리를 사랑할 수 없었던 사람들이 결국에는 우리를 사랑하게 될 것이라고 기대하는가?

이런 희망을 포기할 수 있다면 기대 또한 우리에게서 멀어질 것이고, 평생토록 우리를 따라다녔던 자기기만도 사라질 것이다. 우리는 우리가 사랑받을 만한 존재가 아니었다고 믿지 않는다. 또 이제는 그럴 만한 존재라는 사실을 기필코 입증해야 한다거나 입증할 수 있다고 믿지도 않는다. 그것은 우리 책임이 아니라, 우리 부모가 처한 상황, 곧 그들이 어린 시절에 입은 정신적 외상을 어떻게 생각하고, 그것을 얼마나 극복했느냐에 달린 문제이다. 그 문제에 대해서 우리가 달리 할 수 있는 것은 아무것도 없다. 우리는 단지 우리의 삶을 살면서 우리의 관점을 바꿀 수만 있을 뿐이다. 대부분의 심리요법 전문가들은 이를 통해 부모와의 관계도 개선될 수 있다는 견해를 가지고 있다. 성장한 자녀들이 좀 더 성숙한 행동을 보이면 부모의 마음도 움직여 그들을 더 존중할 것이라고 보기 때문이다.

나로서는 이와 같은 견해에 무조건 동의할 수가 없다. 오히려 내가 경험한 바에 따르면, 성장한 자녀의 긍정적인 변화가 과거에 자녀를 학대하던 부모에게 긍정적인 감정과 경탄을 불러일으키는 경우는 극히 드물다. 그와 반대로 그런 부모는 시기심과 금단현상을 드러내며 아들이나 딸이 어린 시절의 모습으로 돌아가길 바라는 경우가 많다. 다시 말하면 자녀가 복종하고 충성스럽고 무시를 받아도 괘념치 않기를, 근본적으로 말하면 우울증에 걸리고 불행해지기를 바란다. 성장한 자녀의 각성된 의식은 많은 부모를 불안하게 하며, 관계 개선은 애깃거리도 되지 않는 경우가 많다. 그러나 정반대의 사례들도 있다.

오랜 세월 증오심으로 고통을 받아오던 한 젊은 여성은 불안하고 가슴이 두근거리는데도 마침내 어머니에게 이렇게 말했다. "난 어린 시절 날 키워주던 그때 그 어머니를 좋아하지 않았어요. 어머니를 미워했어요. 그런데 난 절대로 그 사실을 알면 안 되었어요." 이 여성은 자기 자신뿐만 아니라 잘못을 의식하고 있던 어머니도 그 말을 듣고 나서 홀가분한 반응을 보이는 것을 보고 놀랐다. 두 사람 모두 말은 하지 않았지만 자신의 감정이 어떤지 알고 있었기 때문이다. 그러던 차에 드디어 진실을 다 표현하게 되었던 것이다. 그때부터 두 사람은 완전히 새롭게 진실한 관계를 쌓을 수 있었다.

강요된 사랑은 사랑이 아니다. 그런 사랑은 고작해야 진실한 의사소통이 결여된 '마치 어떠한 것 같은' 관계에 그치고 만다. 다시 말하면 실제로는 존재하지 않는 진실, 곧 가면처럼 원한이나 미움을 은폐해야 하는 진실의 전주곡에 그칠 뿐, 결코 진정한 만남으로 이어지지 못한다. 미시마 유키오의 작품 중에 《가면의 고백》이라는 작품이 있다. 어떻게 가면이 인간이 경험한 일을 실제로 고백할 수 있을까? 가면은 그렇게 할 수 없다. 가면이 미시마에게 이야기할 수 있었던 것은 순수하게 이지적인 내용이었다. 미시마는 사실의 결과만을 보여줄 수 있을 뿐이었다. 사실 그 자체와 사실에 동반된 감정은 그의 의식 앞에 숨겨져 있었다. 그 결과는 병적이고 도착된 환상, 이른바 죽음에 대한 추상적인 희구를 통해 드러났다. 성인이 된 미시마가 수년 동안 할머니 방에 감금되어 있던 어린 아이의 구체적인 감정에 접근하기는 어려웠기 때문이다.

가면 뒤에 숨어서 이루어지는 의사소통에 근거한 관계들은 변할 수가 없다. 과거로부터 항상 지속되어오던 상태에서 벗어나지 못한다. 다시 말하면 잘못된 의사소통을 토대로 한 관계에서 벗어나지 못한다. 양쪽 모두 감정을 인정하고 경험하고 편안한 마음으로 그것을 털어놓을 수 있을 때에만, 진정한 관계가 형성될 수 있는 것이다. 이럴 수 있다면 얼마나 좋겠는가! 하지만 이런 일은 무척 드물다. 양쪽 모두 이미 익숙해진 겉모습과 가면을 벗는 데 불안을 느끼기 때문에 진정한 의사교환이 방해를 받는다.

그런데 왜 하필이면 나이 든 부모와 이러한 의사소통을 하려고 노력해야 하는가? 실제적으로 보면, 그들은 더 이상 삶의 동반자가 아니다. 우리에게 자녀들이 있고 각기 자신의 삶의 동반자와 관계를 주고받을 수 있게 된 순간, 부모와 함께했던 과거는 종료되어버린다. 그 많은 사람들이 소망하는 평화는 외부에서 선물로 주어질 수 있는 것이 아니다. 많은 심리요법 전문가들은 용서를 통해서 평화를 찾을 수 있다는 견해를 가지고 있다.

그러나 언제라도 이런 의견을 반박할 수 있는 사실들이 있다. 우리가 알고 있듯이 모든 성직자들은 매일 주기도문을 읊는다. "우리가 우리에게 죄 지은 자를 사하여 준 것같이……."라고 기도하며 죄에 대해 용서를 빈다. 그런데 이것도 그들 가운데 몇 사람이 반복충동에 굴복하여 어린이와 청소년들을 성폭행하고도 자기가 범죄를 저지르고 있다는 사실을 애써 떨쳐버리려고 하는 행동을 막지는 못한다. 그런 행동을 통해 그들은 자기 부모도 보호한다. 그들은 부모가 자기에게 어떤 범죄적 행동을 저질렀는지 인식하지 못할 것이다. 용서의 기도가 기만적이고 무용지물일 뿐만 아니라, 위험하기도 한 이유가 여기에 있다. 그것은 반복충동을 은폐한다.

 충동이 반복되지 않게 하려면, 우리의 진실, 그 진실 전체를 남김없이 인정하기만 하면 된다. 부모가 우리에게 어떤 행동을 했는지 되도록 정확하게 알게 되면, 우리가 부모의 잘못을 되풀이할 위험은 사라진다. 진실을 인정하지 않으면 우리는 자동적으로 이를 되풀이하게 될 것이다. 또 어른이 되어 평화로운 가운데 자신의 인생을 살아가기 위해서는, 우리를 학대한 부모에 대한 유아적인 애착을 해소할 수 있어야 하고, 또 반드시 그래야 한다는 생각에 대해서도 크게 반발할 것이다. 우리는 어린 아이의 혼란에서 벗어나야 한다. 이 혼란의 근원은 과거에 우리가 부모의 학대를 너그럽게 대하고, 거기에서 의미를 이끌어내려고 했던 노력에 있다. 우리는 성인으로서 더 이상 그런 노력을 하지 않아도 된다. 그리고 심리요법을 통해 도덕이 어떤 식으로 상처의 치료를 어렵게 하는지 이해하는 법을 터득할 수도 있다.

 그것이 어떻게 이루어지는지 구체적 사례 몇 가지를 들어보기로 한다. 한 젊은 여성이 절망에 빠져 있다. 그녀는 자기가 직장생활과 인간관계에서 실패했다고 생각하고 있다. 그녀가 쓴 편지를 보자.

 우리 어머니는 난 능력이 없기 때문에 뭘 해도 안될 것이라고 말해요. 그러면 그럴수록 난 어딜 가든 되는 일이 없어요. 그래도 난 어머니를 미워하지 않고 사이좋게 지내며 용서하려고 해요. 그래야 언젠가는 미움에서 벗어날 수 있으니까요. 그런데 그게 마음처럼 되질 않는군요. 미워하면서도 어머니에게 쫓기는 기분이 들어요. 내가 그러면 어머니도 날 미워할 것 같아요. 그래선 안 되겠지요. 내가 뭘 잘못하고 있는 걸까요? 어머니를 용서하지 못하면 난 고통스러울 거예요. 나도 그걸 알고 있어요. 심리요법 전문가 말로는 내가 부모님과 전쟁을 치르고 있는데, 이는 나 자신과 전쟁을 치르고 있는 꼴이나 다름없다고 했거든요. 물론 나는 가슴 깊은 곳에서 우러나오지 않을 때는 용서를 해서는 안 된다는 걸 알고 있어요. 그래서 아주 당황스럽다는 거예요. 용서할 수 있고, 부모님에 대해 동정을 느끼는 순간들도 있는데, 그러다가도 갑자기 분노가 치밀어오르고 부모님이 했던 일에 대해 반감이 일면서 부모님이 보고 싶다는 생각이 싹 사라지거든요. 하지만 나는 나 자신의 삶을 살면서 마음을 진정시키고 싶어요. 부모님이 나를 때리고 모욕하고 거의 고문하다시피 했던 과거만을 붙들고 싶지는 않아요.

이 여성은 확신하고 있다. 자신의 기억을 진지하게 받아들이고 자기 몸의 요구에 충실할 때는 부모와 전쟁을 벌이게 되는데, 이는 자기 자신과 전쟁을 벌이는 것과 다름없다는 것을 말이다. 이것은 심리요법 전문가가 그녀에게 말해준 것이다. 그런데 그 심리요법 전문가는 이 여성에게 자신의 삶과 부모의 삶을 구분해서는 안 되며, 어떤 정체성을 가져서도 안 되고, 자신을 부모의 일부로만 이해해야 한다는 결론을 내려주었다고 한다. 그 전문가는 어떻게 이런 결론에 도달한 것일까? 나로서는 알 수 없는 노릇이다. 하지만 나는 그런 결론을 통해 그 심리요법 전문가가 자신의 부모에 대해 불안을 느끼고 있다는 사실을 간파할 수 있다고 생각한다. 이러한 불안과 혼란이 심리요법을 받으러 온 이 여성에게 전염되었기 때문에 그녀는 어린 시절의 일을 파헤쳐서 몸이 자신의 진실과 함께 살아갈 수 있게 해줄 용기를 낼 수 없었던 것이다. 이는 전혀 놀라운 일이 아니다.

그런데 이와 다른 경우도 있다. 매우 총명한 어떤 여성은 편지에서 자기는 부모에 대해 총체적인 판단을 내리고 싶지 않으며, 사건들을 분리해서 보려 한다고 했다. 어린 시절에 매를 맞고 성적으로 학대를 받기는 했지만, 부모와 행복하게 지냈던 순간들도 있었다는 이유에서였다. 그녀를 담당했던 심리요법 전문가는 그녀의 의견을 뒷받침해주었다. 행복했던 순간과 불행했던 순간을 서로 고려해야 하며, 이제는 성인이 되었으니 완벽한 부모는 있을 수 없으며 모든 부모가 실수를 저지를 수밖에 없다는 사실을 이해해야 한다고 하면서 말이다.

하지만 문제는 그것이 아니었다. 문제는 이제는 성인이 된 여자가, 아무도 그 고통을 목격하지 못한 그 어린 소녀를 위해 감정이입 능력을 계발해야 한다는 점이다. 소녀의 고통을 목격한 사람이 아무도 없는 이유는, 그녀가 부모의 이익을 위해 악용당하면서도 남다른 재능 덕분에 부모를 완벽하게 만족시킬 수 있었기 때문이다. 이제 그녀가 그런 고통을 느낄 수 있고, 자기 안에 있는 아이에게 동반자가 되어줄 수 있게 된 마당에, 행복했던 순간과 불행했던 순간을 비교하여 상쇄할 이유는 없다. 그렇게 되면 다시 부모의 소원을 만족시켜주고 싶어했던 그 소녀의 역할, 다시 말하면 부모를 사랑하고 용서하고 행복한 순간을 기억하는 등의 역할을 떠맡아야 하기 때문이다. 아이가 끊임없이 그런 노력을 기울였던 이유는 자기에게 전달된 부모의 메시지와 행동 사이의 모순을 이해하고 싶다는 희망 때문이었다.

그러나 이러한 내면적인 '노력'은 혼란만 더욱 가중시켰을 따름이다. 왜냐하면 아이로서는 어머니가 감정과는 반대로 내면의 참호 속에 몸을 숨긴 채, 아이의 욕구를 감지할 수 있는 안테나도 없이 살고 있다는 사실을 이해하기가 불가능하기 때문이다. 그녀가 어른으로서 그런 점을 이해한다면, 아이의 가망 없는 노력을 계속해서는 안 된다. 다시 말하면 객관적인 평가를 강요하여 좋은 점과 나쁜 점을 대비하려 하지 말고, 모든 감정이 다 주관적이듯이 늘 자기 자신의 느낌에 따라 행동해야 한다. '어렸을 때 날 고통스럽게 한 것이 무엇이었지?', '절대 느껴서는 안 된다고 금지당했던 감정은 무엇이 있었지?' 하고 말이다.

부모에 대한 총체적인 비난은 중요하지 않다. 고통을 받으면서도 말하지 못하는 아이의 관점을 찾아내고, 애착에서 벗어나는 것이 중요하다. 나는 이런 애착을 파괴적인 것으로 간주한다. 앞에서 이야기했듯이 이러한 애착은 감사, 연민, 부정, 동경, 미화 그리고 수많은 기대로 이루어져 있다. 이런 기대는 늘 충족되지 못한 상태에 있으며, 또 충족되지 못할 수밖에 없다.

성인이 되는 길은 자기가 받은 잔인한 대우를 용서하는 데 있는 것이 아니라, 그 진실을 인식하고 매 맞던 아이에 대한 동정심을 키우는 데 있다. 그 길은 학대가 성인의 삶 전체에 어떤 장애가 되는지, 얼마나 많은 삶의 가능성을 파괴하는지, 이러한 재앙 가운데 얼마나 많은 것이 다음 세대에 전가되는지를 깨닫는 데 있다. 이러한 비극적 인식에 도달하려면 우리는 학대하는 부모의 좋은 면과 나쁜 면을 비교하여 상쇄하는 행동을 중단해야 한다. 그렇지 않으면 사물에 대한 이해에는 서로 차이가 있을 수 있다는 전제 아래, 다시 연민에 빠지고 잔혹한 처우를 부정하게 되기 때문이다. 나는 여기에 어린이의 힘겨운 노력이 반영되어 있다고 생각한다. 성인이라면 이렇게 비교하여 상쇄하는 일을 하지 말아야 한다. 이런 일이 사람을 혼란스럽게 하고 생활을 방해하기 때문이다.

어린 시절에 매를 맞지 않고 성적 폭력을 감내할 필요가 없었던 사람들은 당연히 이런 일을 할 필요가 없다. 이들은 부모 앞에서 좋은 감정을 만끽하고, 그 감정을 주저 없이 사랑이라고 부를 수 있으며, 스스로를 부정할 필요가 없다. 과거에 학대받던 사람들만, 그것도 그들에게 질병으로 자기기만의 대가를 치를 의향이 없을 때에만, 이러한 부담에서 벗어나지 못한다. 이것은 규칙이다. 나는 이것을 거의 매일 경험하고 있다.

포럼에 참여하는 한 여성이, 부모를 더 이상 보지 않는 사람은 실제로 스스로를 도울 수 없다는 글을 인터넷에서 읽었다며 내게 편지를 보냈다. 그러면 부모에게 쫓기는 기분을 느끼게 된다고 했다는 것이다. 그런데 그녀는 자기가 지금 바로 그와 똑같은 느낌을 가지고 있다고 했다. 자기는 부모를 더 이상 찾아가지 않는데, 그 이후로 밤낮으로 부모 생각이 떠나지 않으며 마음이 항상 불안하다고 했다. 십분 이해가 가는 이야기다. 그녀가 공포 속에서 살게 된 건, 인터넷에서 소위 전문가라고 자처하는 사람들이 부모에 대한 자기들의 공포를 그녀에게 더욱더 강화시켜주었기 때문이다. 그런 식의 도덕은 인간에게는 자신의 삶, 감정 그리고 욕구를 가질 권리가 없다고 설교한다. 아마도 인터넷을 통해서는 뭔가 그와 다른 충고는 찾아볼 수 없을 것이다. 인터넷에는 우리가 수천 년 전부터 유지해온 심리 상태, 곧 오래 살려거든 "네 부모를 공경하라."는 도덕과 다른 요구가 등장하지는 않을 것이기 때문이다.

이 책 제1부에 소개된 몇몇 작가들의 전기는 사정이 항상 그렇지는 않다는 것을, 특히 어린 시절에 매우 민감하고 총명했던 사람들의 경우에는 사정이 다르다는 것을 보여준다. 그렇다고 긴 수명이 '네 번째 계명'에 담긴 위협이 정당하다는 것을 증명해주는 것도 아니다. 사실은 그와 정반대이다. 삶의 질도 중요하다. 중요한 것은 부모와 조부모가 책임을 인식하고, 자녀와 손자들을 제물로 삼아 자기 조상을 공경하지 말아야 한다는 것이다. 다시 말하면 자녀와 손자들을 위한다는 핑계로 그들을 성적으로 학대하고, 폭력을 가하거나 다른 방법으로 괴롭히지 말아야 한다는 것이다. 자기 부모에 대한 감당하기 어려운 감정을 아이들에게 발산하여 진정시킬 경우에 부모는 종종 몸의 부담을 덜 수 있다. 그러다가도 이 아이들이 최소한 외면적으로 멀어지게 되면, 물론 부모는 금방 병이 날 수도 있다.

그런데 오늘날의 자녀와 손자들은 어린 시절에 보고 느꼈던 것을 알아차려도 괜찮고, 그것을 믿어도 되며, 맹목성을 강요받지 않아도 된다. 왜냐하면 그들은 강요받은 맹목성에 대한 대가를 육체적·정신적인 질병으로 이미 치렀기 때문이다. 이 질병의 원인은 오랫동안

은폐되어왔다. 이러한 은폐에 더 이상 가담하지 않을 때, 그들은 폭력과 자기기만의 고리를 끊고, 더 이상 자기 자녀들에게 희생을 요구하지 않게 될 것이다.

얼마 전에 텔레비전에서 신경피부염, 다시 말해 온몸이 계속 가려운 증상으로 고통받는 어린이들을 보여준 적이 있다. 이 방송에 출연한 전문가들은 한 목소리로 그 병은 치료가 불가능하다고 주장했다. 병원에서 같은 병으로 고통을 겪고 있는 또래 환자들을 만난 어린이들이 치유는 아니더라도 증세의 차도를 보였는데도, 그들은 이 가려움증의 심리적 원인에 대해서는 한마디도 언급하지 않았다. 시청자의 한 사람으로서 나는 아이들이 병원에서 같은 처지의 환자를 만나게 되자, 자기만 이 이해할 수 없는 증세로 고생하는 것이 아니라는 마음에 기분이 가벼워졌을 것이라고 추정하게 되었다.

이 방송을 보고 난 후 얼마 지나지 않아 나는 베로니카를 알게 되었다. 심리요법을 받는 중에 그녀에게 신경피부염이 발생했다. 그런데 시간이 가면서 그녀는 바로 이 증세 때문에 아버지에 대한 과거의 숙명적인 애착을 청산할 수 있었다는 것을 깨닫게 되었다.

베로니카는 여섯 딸 가운데 막내였다. 그리고 언니들에게 성적으로 학대를 받았다. 어머니는 알코올중독자였고, 시도 때도 없이 벌컥 화를 내곤 하여 끊임없이 아이의 생존을 위협했다. 이와 같은 환경에서 어린 소녀는 언젠가 아버지가 그 상황에서 자기를 구해줄 것이라는 헛된 희망에 빠져 있었다. 베로니카는 평생 아버지를 이상화했다. 아버지를 높이 평가할 수 있도록 확인해주는 계기나 기억도 없으면서 말이다. 아버지 또한 알코올중독자였고, 딸들에게는 오로지 성적인 관심만을 보여주었을 뿐이다. 하지만 베로니카는 자신의 희망과 화해했고, 50년 동안 자신의 환상에 충실했다. 심리요법을 받는 동안 그녀는, 자신의 마음을 전할 수는 없었지만 그래도 자기에게 도움을 줄 것으로 기대했던 사람들과 연관될 때면, 물론 심한 가려움증에 시달렸다.

베로니카는 계속 그 끔찍한 발작적 가려움증에 시달리며 몸을 긁어댈 수밖에 없었다. 그에 맞서서 그녀가 할 수 있는 것은 마구 화를 내는 것뿐이었다. 베로니카는 오랫동안 그 이유가 수수께끼였다고 했다. 훗날 드러났듯이, 그녀의 피부의 비명에는 가족 전체에 대한, 특히 아버지에 대한 분노가 숨어 있었다. 그녀에게 아버지가 있었던 적은 한 번도 없었다. 그러나 베로니카는 언젠가는 아버지가 구원해줄 것이라고 상상하며, 자기를 학대하는 가족의 틈바구니에서 외로움을 견디며 살아왔다. 이 구원의 환상은 50년 동안 계속되었고, 당연히 그만큼 분노도 더 커졌다. 그런데 심리요법 전문가의 도움으로 마침내 그녀는 감정을 억압하려고 할 때마다 항상 가려움증이 발생했다는 사실을 깨닫게 되었다. 그녀가 감정을 인정하고 경험할 수 있게 되기까지, 가려움증은 그녀를 가만히 내버려두지 않았다.

감정 덕분에 마침내 그녀는 자기가 아버지 주위에 환상을 쌓았지만 거기엔 전혀 현실적인 토대가 갖춰져 있지 않았다는 사실을 점점 더 명확하게 깨닫게 되었다. 그리고 이런 그녀의 환상은 남자들과의 관계에서 어김없이 되살아났다. 그녀는 사랑했던 아버지가 어머니와 자매들 앞에서 자기를 보호해주고, 자기가 처한 어려움을 이해해줄 것이라고 기대했다. 제3자라면 누구나 이런 기대가 충족되지 않았고, 또 충족될 수도 없었다는 것을 쉽게 깨달을 수 있었을 것이다. 베로니카 자신만이 이러한 현실적인 견해를 전혀 생각할 수 없었을 뿐이다. 진실을 인정했다가는 꼭 목숨을 잃을 것만 같았기 때문이다.

그것은 당연한 것이다. 그녀의 몸속에는, 아버지가 도와줄 것이라는 환상이 없었다면 목숨을 부지할 수 없었던 그 보호받지 못한 아이가 살고 있었기 때문이다. 그러나 성인이 된 그녀는 이런 환상을 버릴 수 있었다. 그 아이는 더 이상 자기 운명 앞에 혼자 버려진 존재가 아니었다. 그때부터 그녀 안에는 그 아이를 지켜줄 수 있는 성숙한 부분이 존재하게 되었다. 아버지는 결코 해줄 수 없는 것이었다. 그는 어려움에 처한 아이를 이해하고, 성적 학대를 당하지 않도록 보호해줄 수 없었다. 베로니카는 일상 속에서 이를 반복해서 경험했고, 드디어 이전처럼 몸의 욕구를 무시하지 않고, 이것을 있는 그대로 진지하게 받아들일 수 있게 되었다. 나중에는 몸은 가벼운 가려움증을 통해서만 이런 요구에 대해 그녀에게 신호를 보냈다. 그때마다 가려움증은 아이에게 그녀의 도움이 필요하다는 사실을 분명하게 확인해주었다.

베로니카는 책임감이 요구되는 직장생활을 하고 있었다. 그런데 아버지의 진정한 행동을 통찰하지 못하고 있던 때에는 자신과 아무 상관이 없는 사람들에게 얽매이고 전적으로 예속되는 경향이 있었다. 심리요법을 받고 난 이후에는 사정이 완전히 달라졌다. 그녀는 자기 몸속에서 동맹군을 찾아냈고, 이 동맹군은 그녀가 스스로를 도울 수 있는 방법을 알고 있었다. 나는 바로 그것이 모든 심리요법의 목적이 되어야 한다고 생각한다.

여기에서 이야기했고, 또 최근 몇 년 동안 목격했던 이와 비슷한 상황전개를 통해 나는 한 가지 사실을 분명하게 깨닫게 되었다. 심리요법이 긍정적인 결과를 맺을 수 있도록 보장하려면, 그와 같이 어린 시절에 교육을 통해 주입된 '네 번째 계명'의 도덕을 차단해야 한다는 것이다. 하지만 유감스럽게도 너무나 많은 심리요법 전문가들이 처음부터 '부정의 교육'의 도덕을 중심에 내세우거나, 아니면 심리요법이 진행되는 과정에서 내세우고 있다. 심리요법 전문가 자신이 아직도 이러한 강박관념에서 벗어나지 못했기 때문이다. '네 번째 계명'이 정신분석학의 계명과 연결되는 경우는 많다. 내가 앞에서 언급한 것이 그 좋은 예다. 상담 환자는 일정 기간에 걸친 심리요법의 도움으로 마침내 자기가 받은 상처와 학대를 인식할 수 있게 된다. 그런데 얼마 지나지 않아서 심리요법 전문가가 부모에게는 좋은 면도 있고 많은 것을 베풀기도 했으니 이제는 성인으로서 그 점에 대해 부모에게 고마워해야 한다고 지적하는 것이다. 그와 같은 지적만으로도 상담 환자는 다시 총체적인 불안에 휩싸이게 된다. 부모의 좋은 면을 인식하려는 그런 노력이, 바로 임레 케르테스가 소설에서 인상적으로 기술했듯이, 그로 하여금 자신의 인지와 감정을 억압하게 하는 원인이 되기 때문이다.

라우라는 한 남성 심리요법 전문가에게 상담을 받았다. 그는 처음으로 가면을 벗게 해주고 그녀의 냉혹함이 인위적이라는 것을 깨닫게 해주었다. 그리고 그녀가 자신의 감정에 이르는 길을 찾아내고, 친밀함과 따뜻함에 대한 어린 시절의 동경을 기억하도록 도와준 사람에게 속마음을 털어놓을 수 있게 해주었다. 베로니카와 비슷하게 라우라도 냉담한 어머니에 대한 구원을 아버지에게서 찾으려고 했다. 베로니카의 아버지와 달리 라우라의 아버지는 어린 소녀에게 훨씬 더 많은 관심을 보여주었고, 자주 함께 놀아주기도 하면서 아이에게 아버지와 좋은 관계를 유지할 수 있을 것이라는 희망을 주었다. 그런데 아버지는 어머니가 딸에게 매를 든다는 사실을 알고 있었으면서도 아이를 어머니 손에 맡겨놓고 보호해주지 않았으며, 아이에 대한 책임을 떠맡지 않았다. 라우라는 내게 보낸 편지에서, 가장 나빴던 것은 아버지가 사실은 사랑을 받을 자격이 없으면서도 자기에게 사랑을 일깨워준 것이라고 썼다.

이 젊은 여인은 병에 걸릴 때까지 이 사랑을 가지고 살았고, 남성 심리요법 전문가의 도움을 빌려 그 사랑의 의미를 이해하려고 노력하게 되었다. 그녀 눈에 이 전문가는 전도유망한 의사로 보였다. 그의 도움으로 라우라는 자기 안에 세워진 거절의 장벽을 허물 수 있었다. 그런데 라우라의 마음속에 아버지의 근친상간적인 학대에 대한 의심이 떠오르게 되자, 심리요법 전문가는 마침내 하나의 벽을 쌓기 시작했다. 그러더니 느닷없이 어린이의 오이디푸스 콤플렉스에 대해 이야기하면서, 아버지가 했던 것과 비슷한 방법으로 라우라를 혼돈에 빠뜨렸다. 그는 그녀를 자기 자신의 약점의 희생자, 억압으로 인하여 소화되지 못하고 있던 기억들의 희생자로 만들었다. 그는 그녀에게 '전문가 증인'의 감정이입을 보여주는 대신에 분석적인 이론을 제시하였다.

박식했던 라우라는 심리요법 전문가가 문제를 회피한다는 사실을 간파할 수 있었다. 그랬는데도 그녀는 그와의 관계에서 선례를 되풀이했다. 이는 아버지에 대한 관계가 해소되지 않았기 때문이다. 라우라는 심리요법 전문가와 아버지에게 받은 것에 대해, 그들에게 계속 고마움을 느꼈고, 이런 방식으로 전통적인 도덕에 복종함으로써 두 사람에 대한 유아적인 애착을 청산할 수가 없었다. 또한 그로 인해, 그 뒤에 프라이멀 스크림 요법[37]과 육체요법을 받았는데도 증상이 사라지지 않았던 것이다. 많은 심리요법을 거치면서 그녀의 과거와 고통을 희생양으로 삼았던 도덕이 승리를 거두는 듯 보였다. 그녀가 집단 심리요법의 도움을 받아, 까닭 없이 아버지에게 고마워하던 마음을 버리고, 어린 시절에 아버지의 부재가 어떤 결과를 낳았는지 속속들이 인식하고, 그렇게 하는 데 인생에 대한 자신의 책임이 있다는 사실을 깨달을 수 있게 될 때까지는 그랬다.

그때부터 문자 그대로 자신의 진실을 인정하게 된 데 힘입어 그녀는 새롭고 창조적인 삶을 영위할 수 있었다. 이제 라우라는 아버지는 겁쟁이였고, 그가 자기를 한 번도 돕지 않았던 것은 그럴 마음이 전혀 없었기 때문이었으며, 아버지 자신의 상처를 진정시키고 그것을 느끼지 않기 위해 그녀를 이용했다는 것을 깨달았다. 이런 사실을 깨닫게 된 뒤부터 몸은 확실히 안정감을 느끼게 되었다. 의사들이 무조건 수술하려고 했던 종양들이 순식간에 사라졌기 때문이다.

과거에 받았던 한 심리요법에서 의사는 라우라에게 시각화 방법을 제안했다. 그때 그녀는 그 방법에 큰 기대를 걸었다. 그녀는 자기가

---

[37] 유아기의 외상 체험을 다시 경험케 하여 신경증을 치료하는 요법.—옮긴이.

이상으로 여겼던 아버지가, 열일곱 살 때 질투심 때문에 자기를 때렸던 장면을 기억해낼 수 있었다. 그때 그 심리요법 전문가는 이제 아버지를 다정한 사람으로 생각하고, 이와 같은 긍정적인 상을 통해 과거의 부정적인 상을 대체해야 한다는 의견을 제시했다. 실제로 그 제안은 라우라가 몇 년 더 아버지를 이상화하는 데 도움이 되었다. 하지만 그러는 동안 그녀의 자궁에서는 종양이 자라났고, 마침내 라우라는 자신의 정직한 기억이 알려주는 진실 앞에 마주 서기로 결심했다.

 말 그대로 부정적인 감정을 긍정적인 감정으로 변화시키기 위해, 심리요법에서는 그와 같은 기법과 그와 비슷한 기법들을 제안한다. 이렇게 감정을 조작하는 기법은 대개 자신의 감정을 더 강하게 부정하는 결과를 낳는다. 그 이전부터 환자가 자신의 (진정한 감정이 암시하는) 진실의 고통을 피해 도망칠 수 있었던 것도 바로 자신의 감정을 부정했기 때문이다. 그래서 그런 방법이 성공을 거둔다고 해도, 그 효과는 단기적이고 문제투성이일 수밖에 없다. 그 이유는 애초의 부정적인 감정이 바로 몸이 보내는 중요한 신호라는 데 있다. 우리가 그 감정이라는 신호를 무시하면, 몸은 자기 소리에 귀를 기울여 달라는 뜻에서 새로운 신호를 보낸다.

 인위적으로 산출된 긍정적인 감정은 단기간밖에 지속되지 않는다. 그뿐만이 아니다. 그런 감정은 우리를 어린 아이의 상태에 머물게 한다. 부모가 언젠가는 좋은 면만을 보여줄 것이므로 절대로 화를 내거나 불안을 느낄 필요가 없을 것이라는 천진난만한 기대를 지니고 있는 어린 아이 말이다. 하지만 어른이 되고, 지금의 현실 속에서 살아가려고 한다면, 이렇게 순진하고 헛된 기대에서 반드시 벗어나야 한다.(또 벗어날 수 있다.) 부정적인 감정의 현실적인 원인을 서둘러 제거하는 것이 아니라 발견해내려고 함으로써, 우리는 그런 감정을 경험할 수 있고, 또 이를 의미 있는 감정으로 변화시킬 수 있다. 일단 경험한 감정은 영원히 지속되지 않는다.(그런데도 짧은 시간에 그 감정은 막혀 있던 에너지를 해방시킬 수 있다.) 우리가 추방하려고 할 때에만 그 감정은 몸속에 둥지를 튼다.

긴장이완 마사지와 온갖 육체요법이 때로는 마음을 진정시켜줄 수 있다. 이를테면 그러한 시도가 근육과 결합조직들을 억압당한 감정의 압박에서 벗어나게 해주고, 긴장을 누그러뜨리며, 고통을 없애줄 수 있기 때문이다. 하지만 이러한 감정의 원인을 언제까지나 덮어두려 한다면, 이 압박은 훗날 다시 발생할 수 있다. 그 이유는 우리 몸속에 처벌에 대한 예상이 아직도 강하게 남아 있어서, 부모, 또는 부모와 같은 존재가 화를 내는 것을 두려워하기 때문이다.

방석 두드리기에서 권투에 이르기까지, 분노를 '털어내기' 위한 방법으로 사람들이 자주 권하는 운동들이 있다. 그런데 맨 처음 이 분노의 대상이 되어야 할 사람들을 무슨 일이 있어도 보호해야 한다면, 그러한 운동은 거의 효과를 거두지 못할 것이다. 라우라는 분노를 해소시킨다는 운동을 많이 해보았지만, 그 효과는 늘 일시적인 것에 그치고 말았다. 아버지에 대한 실망감이라는 덩어리 전체를 있는 그대로 인지하고, 분노뿐만 아니라 고통과 불안감도 느낄 마음의 준비를 하게 되자, 그때 비로소 긴장이완 운동을 하지 않았는데도 자궁에 난 성가신 종양이 저절로 사라지게 되었다.

제3부

거식증
―진실한 의사소통에 대한 동경

내 입맛에 맞는 음식을
찾아내지 못했기 때문이었다.
만일 내가 그런 음식을 찾아냈다면
나는 사람들의 이목을 끌지도 않았을 것이고,
당신과 다른 사람들처럼
음식을 배불리 먹었을 것이라고 생각한다.
―프란츠 카프카, 〈단식광대〉

도덕이 가장 큰 승리를 거둔 분야가 있다면, 바로 일명 '신경성 식욕부진증'이라 일컫는 거식증 치료법이다. "네가 부모를 얼마나 불행하게 만드는지, 너 때문에 부모가 얼마나 고통을 겪어야 하는지 보거라." 이와 같은 다소 노골적인 경고만으로 신경성 식욕부진증에 빠진 젊은이들의 죄책감이 더 짙어진다는 것은 거의 상식에 속한다. 이런 경고는 단식의 의미, 그 본래의 메시지를 철저히 무시하고 있다. 하지만 신경성 식욕부진증은 환자의 몸이 환자의 진실에 대해 얼마나 명확하게 암시하고 있는가를 매우 확실하게 보여주고 있다.

많은 신경성 식욕부진증 환자들은 이런 생각을 가지고 있다. '난 부모를 사랑하고 존경해야 해. 그리고 부모의 모든 것을 용서하고 이해하며, 긍정적으로 사고하고 망각하는 법을 배워야 해. 이런저런 일을 해야 하고, 무슨 일이 있어도 내 어려움을 드러내서는 안 돼.'

그런데 한 가지 의문이 생긴다. 내가 나의 감정을 배제하려 애쓰고, 또 실제로 어떤 감정, 어떤 느낌을 가지고 있고 무엇을 원하고 필요로 하며 그 이유는 어디에 있는지에 대해 아는 것이 용납되지 않는다면, 도대체 난 누구란 말인가? 나는 직장생활과 운동, 그리고 일상에서 나 자신에게 높은 성과를 요구할 수 있다. 하지만 (알코올이나 마약, 약물의 힘을 빌리든 빌리지 않든) 나에게 어떤 감정을 강요하려고 하면, 조만간 자기기만의 결과와 마주치게 될 것이다. 나 자신은 가면으로 환원될 것이고, 난 내가 실제로 어떤 사람인지 결코 알지 못할 것이다. 그 앎에 다가가는 원천은 내 경험과 일치하는 진정한 감정 속에 놓여 있다. 그리고 이와 같은 경험의 보호자는 바로 내 몸이다. 그 몸의 기억이다.

분노와 같은 감정의 메시지를 무시할 경우, 우리는 자신을 사랑하고 존경하고 이해할 수 없다. 그런데 감정을 조작하기 위한 갖가지 '심리요법' 규칙과 기법들이 있다. 그것들은 우리에게 더없이 진지하게, 어떻게 슬픔을 멈추고 기쁨을 생산해낼 수 있는지 이야기한다. 아주 심각한 육체적 증상이 있는 사람들은 이렇게 하면 부모에 대한 뼈저린 원한에서 벗어날 수 있을 것이라는 희망을 품고 병원의 상담에 응한다.

물론 이런 방법으로 일시적인 성공을 거두고 위안을 얻을 수도 있다. 또 심리요법 전문가들은 그런 그들에게 박수를 보낼 것이다. 어머니의 양육방식에 적응하는 순진한 어린 아이처럼, 그들은 자기가 인정받고 사랑받는다는 느낌을 받게 될 것이다. 하지만 아무도 자기에게 귀를 기울여주지 않으면, 시간이 지날수록 몸은 증상이 재발할 것이라는 신호를 보낸다.

과다행동 아동의 증세를 다룰 때에도 심리요법 전문가들은 이와 비슷한 어려움을 겪는다. 예를 들어 그런 아이들의 고통을 유전적인 조건에 기인하는 것으로 보거나, 뿌리 뽑아야 할 고약하고 못된 버릇으로 간주한다면, 무슨 방법으로 이 아이들을 가정 안으로 통합할 수 있겠는가? 또 그 진정한 원인을 비밀에 부쳐두려고 하는 그 모든 것들은 어떻게 해야 하는가. 그런 아이들의 감정이 현실에 그 뿌리를 두고 있고, 방치와 학대에 대한 반응, 다른 무엇보다도 영양분이 풍부한 의사소통이 부족한 것에 대한 반응이라는 점을 직시할 준비가 되어 있다면, 우리가 보고 있는 아이들은 괜히 소란을 피우는 아이들이 아니라, 아픔을 겪으면서도 그 이유를 알아서는 안 된다고 금지당한 아이들이 될 것이다. 만일 우리가 그 이유를 알아도 된다면 우리 자신과 아이들에게 도움을 줄 수 있을 것이다. 어쩌면 우리는(그리고 그들은) 감정, 고통, 불안, 분노는 그다지 두려워하지 않지만, 부모가 우리에게 실제로 저지른 일을 아는 것은 두려워하는지도 모른다.

무슨 일이 있어도 부모에게 책임을 돌려서는 안 된다는 (도덕적) 의무에 대해 심리요법 전문가들은 대부분 찬성한다. 그러나 이것은 병의 원인뿐 아니라 치료 가능성에 대해서도 자발적으로 눈을 감는 결과를 낳는다. 몇 년 전부터 현대의 두뇌 연구자들은 생후 첫 몇 달부터 3년까지 어머니와 행복하고 믿음직한 애정관계를 형성하지 못하면, 뇌에 결정적인 흔적이 남고 심각한 장애를 초래한다는 사실을 알게 되었다. 지금이야말로 수련 중에 있는 심리요법 전문가들에게 이러한 지식을 보급할 절호의 시기라고 할 수 있다.

그렇게 되면 전통적인 교육의 해로운 영향을 어느 정도 감소시킬 수 있을 것이다. 우리에게 부모의 행동을 캐묻지 못하게 금지시킨 것이 바로 그런 교육, 즉 '부정의 교육'이었기 때문이다. 전통적인 도덕, 종교적인 계율, 특히 정신분석학의 많은 이론들도, 어린이 심리요법 전문가들이 부모의 책임을 명확하게 인지하고 지적하는 것을 망설이게 하는 데 일조하는 경우가 종종 있다. 그들은 그것이 어린이에게 해를 끼칠 수 있다는 견해를 내세우지만, 이는 사실 부모에게 죄책감을 안겨주는 것을 두려워하는 데 그 이유가 있다고 할 수 있다.

하지만 나는 그들과 정반대되는 의견에 확신을 갖고 있다. 동반자가 확실히 곁에 있어줄 때는 진실을 이야기함으로써 각성기능을 작동하게 할 수도 있다. 어린이 심리요법 전문가가 '장애' 아동의 부모를 변화시킬 수는 없다. 이는 당연한 사실이다. 하지만 그가 부모에게 필요한 지식을 전해줄 경우, 자녀와의 관계를 개선하는 데 결정적인 기여를 할 수 있다. 예를 들어 그가 부모에게 '영양가 높은' 의사소통의 중요성에 대해 알려주고, 그것을 익히는 데 도움을 준다면, 이는 그들에게 새로운 경험으로 통하는 문을 열어주는 일이 될 것이다.

부모가 아이들에게 그렇게 하지 못하는 이유는 나쁜 의도가 있어서가 아니라, 어린 시절에 이런 형태의 애정을 받아본 적이 한 번도 없었기 때문인 경우가 많다. 심지어는 그런 것이 있는지조차도 모르는 부모도 꽤 있다. 부모는 아이들과 합리적인 의사소통을 하는 법을 배울 수 있다. 하지만 이는 아이들이 아무런 불안을 갖지 않을 때에만 가능한 일이다. 다시 말하면 아이들이 '부정의 교육'을 극복할 때에만, 곧 전적으로 자기 편을 들어주는 심리요법 전문가의 완전한 지원을 받을 때에만 가능한 일이다.

심리요법을 통해 '전문가 증인'의 도움을 받을 경우, 과다행동이나 다른 이유로 고통을 겪고 있는 어린이는 불안을, 행동을 통해 해소하는 대신에 '느끼고', 감정을 두려워하여 분열시키는 대신에 부모에게 낱낱이 표현할 용기를 얻을 수 있다. 그렇게 해서 부모는 '자녀를 통해', 감정을 갖더라도 파국을 두려워할 필요가 없으며, 감정을 가지면 오히려 의지할 근거가 되고 서로에게 믿음을 안겨주는 그 무엇이 생길 수 있다는 사실을 배우게 된다.

나는 아이 덕분에 부모에 대한 파괴적인 애착에서 벗어날 수 있었던 어떤 어머니를 알고 있다. 그녀는 수년간 심리요법을 받으면서, 어린 시절에 자기를 심하게 학대했던 부모의 좋은 면을 바라보기 위해 변함없는 노력을 기울였다. 그녀는 어린 딸이 과다행동 증세를 보이고, 난폭한 방법으로 분노를 터뜨리는 것 때문에 심한 고통을 겪었다. 그녀의 딸은 태어난 이후로 계속 의사의 치료를 받고 있었다. 몇 년이 가도록 이런 상황이 지속되었다. 그녀는 딸을 데리고 의사에게 갔고, 딸에게 여러 가지 약을 먹였으며, 정기적으로 심리요법을 받으며 부모를 정당화하기 위한 노력을 멈추지 않았다.

의식적인 면에서 볼 때, 그녀가 고통을 겪는 것은 결코 그녀의 부모 때문이 아니라 오로지 딸 때문이었다. 어느 날 그녀가 자제력을 잃게 될 때까지, 다시 말해 그녀가 새로운 심리요법 전문가를 만나 마침내 30년 동안 쌓인 부모에 대한 분노를 받아들일 수 있게 될 때까지는 그랬다. 그리고 기적이 일어났다. 하지만 본래 그것은 기적이 아니었다. 며칠 만에 그녀의 딸은 정상적으로 놀기 시작했고, 증세가 사라졌다. 과다행동 증세가 딸의 질문이었다면, 그것이 사라진 것은 그 질문에 대한 분명한 대답이었다. 마치 어머니가 짙은 안개 속에서 빠져나와 이제야 비로소 자기 아이를 알아볼 수 있게 된 것 같았다. 투사의 대상으로 이용되지 않게 된 아이는 조용히 놀 수 있었고, 미친 듯이 마구 뛰어다닐 필요도 없었다. 아이는 더 이상 어머니를 구원하거나, 최소한 자신의 '장애'에 의지하여 어머니를 진실과 마주치게 해야 한다는, 충족할 수 없는 과제를 짊어지지 않아도 되었다.

진정한 의사소통은 사실에 바탕을 두고 이루어진다. 그것은 자신의 감정과 생각을 전달할 수 있게 해준다. 그와 반대로 불순한 의사소통은 사실을 왜곡하는 데 바탕을 두고 있으며, 자신이 원하지 않은 감정에 대한 책임이 근본적으로는 어린 시절의 부모에게 있는데도, 이를 다른 사람에게 전가한다. '부정의 교육'은 사람을 대할 때, 이와 같이 조작하는 방법밖에 알지 못한다. 불과 얼마 전까지만 해도 '부정의 교육'이 일반적으로 널리 퍼져 있었지만, 이제는 예외적인 현상들이 나타나고 있다. 다음 이야기가 바로 그 예이다.

일곱 살 된 메리는 여자 교사가 때렸다는 이유로 학교에 가지 않으려 했다. 메리의 어머니 플로라는 낙심했지만, 강제로 아이를 학교에 데리고 갈 수는 없었다. 그녀 자신은 매를 맞아본 적이 한 번도 없었다. 그녀는 딸을 때린 교사를 찾아가 사실대로 이야기하면서 아이에게 사과해주면 좋겠다고 부탁했다. 교사는 크게 화를 냈다.

교사가 아이에게 용서를 빌어야 하다니, 도대체 그게 말이 될 법한 소리냐며 펄쩍 뛰었다. 그 교사의 의견으로는 어린 메리가 매를 맞을 짓을 했다는 것이었다. 아이를 데리고 이야기를 해도 전혀 말을 듣지 않았다고 했다. 플로라는 조용히 말했다. "아이가 선생님 말을 듣지 않은 것은 아마도 선생님의 목소리나 얼굴 표정에서 불안을 느꼈기 때문일 거예요. 그런다고 매를 들면 불안만 더 커질 뿐이죠. 때리지 말고 아이와 이야기를 나누고 믿음을 얻어서 긴장과 불안을 풀어줄 필요가 있다고 봐요."

그러자 갑자기 교사의 눈자위가 붉어졌다. 그녀는 의자 위로 털썩 주저앉으며 중얼거렸다. "난 어렸을 때, 매밖에 모르고 자랐어요. 그 누구도 나와 이야기를 나누지 않았죠. 늘 어머니가 '도무지 내 말을 듣질 않으니, 널 어떡하면 좋겠니?'라고 호통치는 소리만 들으며 컸어요."

그 순간 플로라는 마음이 뭉클해졌다. 사실 그녀가 학교에 온 목적은 그 교사에게 학교에서 체벌을 금지한 지 오래되었으므로, 그녀를 학교당국에 고발하지 않을 수 없다는 것을 통고하려는 데 있었다. 그런데 이제 자기 앞에 앉은 교사가 믿고 함께 이야기를 나눌 수 있는 사람이 된 것이다. 마침내 두 여자는 어린 메리가 다시 믿음을 가질 수 있게 하려면 어떻게 해야 좋을지 머리를 맞대고 의논할 수 있게 되었다. 교사는 자기가 아이에게 사과하겠다고 스스로 제안했고, 또 실제로 그렇게 했다. 그녀는 아이에게 체벌이 금지되어 있는데 자기가 해서는 안 될 행동을 했다고 하면서, 이제는 더 이상 무서워하지 않아도 된다고 설명해주었다. 아이에게 교사도 실수를 저지를 수 있으므로, 그런 일을 당하면 불만을 털어놓을 권리가 있다고 말해주었다.

메리는 즐겁게 학교에 다녔고, 심지어 자신의 잘못을 인정할 줄 아는 용기를 지닌 그 교사에게 호감을 보여주었다. 아이는 어른의 감정을 좌우하는 것은 아이의 행동이 아니라 어른의 과거라는 사실을 아로새기게 될 것이다. 그리고 자신의 행동과 무력함이 어른의 감정을 강하게 자극한다고 해도, 아이는 그에 대해 죄책감을 느끼지 않아도 될 것이다. 어른이 ("네가 OO했기 때문에 널 때린 거야." 하며) 아이에게 책임을 전가하려고 할 때에도, 죄책감을 느낄 필요가 없을 것이다.

메리와 같은 경험을 한 아이는, 많은 사람들처럼 다른 사람의 감정에 대해서가 아니라, 오로지 자신의 감정에 대해서만 책임을 느끼게 될 것이다.

아니타 핑크의 일기

　내가 받은 많은 편지와 일기 중에는 어린 시절의 잔혹한 학대에 대해 증언하는 글이 많은데, 어린 시절의 꿈을 이루지 못한 마음의 상처를 치유하는 데 성공한 심리요법에 대해 보고하는 글들도 아주 드물긴 하지만 있기는 있다. 이러한 인생이야기에 대해 언급해달라는 부탁을 자주 받지만, 대부분의 경우 나는 망설이게 된다. 몇 년이 지난 뒤에도 그 이야기의 당사자가 낯선 책 속에 등장한 자신의 모습에 대해 여전히 흡족해할지 알 수 없기 때문이다. 그러다 한번은 사실에 바탕을 둔 허구의 이야기를 쓰기로 결심한 적이 있었다. 나는 많은 사람들이 성공적인 심리요법을 받을 기회도 갖지 못한 채, 비슷한 고통의 원인을 짊어지고 다닐 것이라 짐작한다.
　지금부터 내가 아니타 핑크라는 이름을 붙여준 한 젊은 여성이 심리요법을 받으며 겪었던 일에 대해 이야기하려고 한다. 그녀는 심리요법의 도움을 받아 매우 무서운 병 가운데 하나인 거식증을 극복할 수 있었다.

(대개는 젊은) 어떤 사람이 생명이 위태로울 정도로 몸무게를 줄일 경우에, 그것을 심신상관(心身相關)의 고통, 즉 정신이 관계된 고통의 문제로 보는 데에 이론을 제기하지 않는 것이 일반적이다. 의사들도 흔히 그렇게 간주한다. 그런데 대부분의 경우에 이런 사람들의 정신상태는 혼란에 빠져 있다. 내가 생각하기에는 이 또한 '네 번째 계명'을 위반하지 않으려는 행동에 지나지 않는다.

나는 이미 《사랑의 매는 없다》에서 이러한 문제에 대해 암시한 바 있다. 하지만 그 책에서는 거식증을 치료하면서 병의 원인은 감춰놓은 채 체중을 늘리는 데 목적을 두고 있는 통상적인 치료법에 대한 논쟁에 그치고 말았다. 여기서 그런 논쟁을 계속할 생각은 없다. 대신 이야기 하나를 소개할까 한다. 그 이야기에서는 심리적인 요인들이 결국 거식증을 초래했고, 또 그 거식증은 거꾸로 심리적인 요인들을 통해서 해소될 수 있었다.

생의 마지막에 이르러 카프카의 '단식광대'는 입맛에 맞는 음식을 발견할 수가 없어서 단식을 했다고 말한다. 아니타도 그렇게 말할 수 있었을 것이다. 그녀가 건강해지고 나서는 말이다. 건강을 되찾아야 자기에게 어떤 음식이 필요하고, 어떤 음식을 어린 시절부터 그리워하며 찾아다녔는지 알 수 있을 것이기 때문이다. 그녀가 그리워했던 것은 거짓 없고, 가식적으로 '염려해주지' 않으며, 죄책감을 씌우지 않고, 질책하지 않고, 경고하지 않고, 불안하게 하지 않고, 투사하지 않는, 감정적으로 진정한 의미의 의사소통이었다. 그것은 바로 생애 최초의 시기에 어머니와 그 어머니가 원하던 아이 사이에서 가장 이상적으로 이루어질 수 있는 그런 의사소통이었다.

이와 같은 의사소통이 이루어지지 않으면, 다시 말해 아이에게 '거짓'을 음식으로 먹이면, 곧 말과 몸짓이 오로지 아이를 거부하는 마음, 미움, 불쾌함, 혐오를 위장하는 데에만 사용되면, 아이는 이러한 '음식'을 먹고 성장하려고 하지 않으며, 음식을 거부하고, 훗날 자기에게 필요한 음식이 무엇인지도 모른 채 신경성 식욕부진증에 빠질 수 있다. 그러한 경험 때문에 아이는 자기에게 필요한 음식을 구분하지 못하게 된다. 또 그런 음식이 있다는 것도 알지 못한다.

성인은 그런 음식이 있다는 것을 어렴풋이 짐작할 수 있다. 그리고 그 다음에는 무절제한 식욕에 빠질 수도 있다. 다시 말해 자기에게 필요하지만 알지는 못하는 것을 찾아다니며, 가능한 모든 것을 가리지 않고 먹어치울지도 모른다. 그렇게 되면 비만증, 곧 폭식증에 빠질 것이다. 그는 포기하지 않고 끝도 없이 무제한으로 먹고 또 먹으려 할 것이다. 하지만 거식증 환자처럼 자기에게 필요한 것을 모르기 때문에 아무리 먹어도 포만감을 느낄 수가 없을 것이다. 그는 무엇이든 먹어도 괜찮고 아무런 강제도 받을 필요가 없을 만큼 자유롭기를 원하지만, 결국은 폭식증의 강제 속에서 살아가게 된다. 그것을 극복하려면 반드시 자신의 감정을 누군가에게 전달할 수 있어야 한다. 또 누군가가 자기 이야기를 귀담아들어 주고, 자기를 이해하고, 진지하게 받아들여 더 이상 숨어 지낼 필요가 없는 경험을 반드시 해봐야 한다. 그런 경험이 있어야 바로 이것이 자기가 평생 동안 찾아다녔던 음식이었다는 것을 알게 된다.

카프카의 '단식광대'는 이런 음식의 이름을 대지 못했다. 카프카 자신이 그 이름을 알 수 없었기 때문이다. 그는 어린 시절에 진정한 의사소통에 대해 알지 못했고, 그것 때문에 말할 수 없는 고통을 겪었다. 그의 작품은 모두 잘못된 의사소통에 대한 기록에 지나지 않는다. 《성》《심판》《변신》 모두 마찬가지다. 어떤 작품을 읽어봐도 그의 질문에 귀를 기울이는 사람이 없으며, 모두 기이하게 뒤틀린 대답만 건넬 뿐이다. 사람은 자신이 철저하게 소외되어 있으며, 그 누구에게도 자기 이야기를 귀담아듣게 만들 수 없다는 느낌을 받는다.

아니타 핑크도 오랫동안 그와 비슷한 일을 겪었다. 그녀는 부모와 이성 친구들과 진정한 관계를 맺기를 간절히 원했다. 하지만 이런 소망은 한 번도 충족된 적이 없었다. 음식을 거부한 것은 그 소망이 이루어지지 못했다는 것을 알리는 신호였다. 그리고 자기를 이해하려고 하고, 또 이해할 수 있는 사람들이 있다는 사실을 알게 되었을 때, 마침내 아니타는 완쾌될 수 있었다. 당시에 열여섯 살이던 아니타는 1997년 9월부터 병원에서 일기를 쓰기 시작했다.

그들은 해냈다. 내 몸무게가 늘고 있다. 나는 어느 정도 희망을 품게 되었다. 하지만 그게 아니다. 그들이 해낸 것이 아니다. 이 끔찍한 병원에 들어왔을 때, 그들은 처음부터 매우 성가시게 굴었다. 집에 있을 때보다 훨씬 더 나빴다. "이렇게 해. 저렇게 해. 그렇게 하는 건 괜찮지만, 저건 안 돼. 넌 네가 누구라고 생각하는 거니? 우리는 여기서 너에게 도움을 줄 수 있어. 하지만 반드시 그걸 믿고 우리가 하라는 대로 해야지, 그렇지 않으면 아무도 널 도울 수 없어." 아, 짜증나. 당신들은 어쩌다 그렇게 거만해진 거야? 기분 나쁜 당신들의 명령에 복종하고 당신들 곁에서 마치 기계부품처럼 움직여야 하는데, 내가 어떻게 건강해질 수가 있겠어? 그랬다면 난 죽었을 거야. 그런데 난 죽고 싶지 않아. 당신들은 내게 그렇게 하라고 우기고 있지만, 그건 거짓이고 말도 안 되는 헛소리야.

난 살고 싶다. 하지만 사람들이 시키는 대로 살기는 싫다. 그러면 난 죽을지도 모른다. 난 내 모습 그대로 살고 싶다. 그러나 사람들은 날 가만히 내버려두지 않는다. 누구도 날 그냥 두지 않는다. 모두들 나에게 어떤 의도를 가지고 있고, 그 의도를 통해서 내 생명을 갉아먹는다.

난 당신들에게 어떻게 하면 좋을지 말해주고 싶었어. 하지만 자신의 과제를 해결하기 위해서 여기 이런 병원에 온 사람들, 다시 말해 보고서에 성공사례만을 기록하려고 하고(아니다, 벌써 빵을 절반이나 먹었니?), 저녁이면 드디어 피골이 상접한 사람들 곁을 떠나 집에서 감미로운 음악을 들을 수 있게 된 것을 기뻐하는 사람들에게 어떻게 그런 말을 할 수 있겠어?

아무도 내 말을 귀담아듣지 않는다. 그런데 그 친절한 정신과 의사는 남의 말을 귀담아듣는 것이 자기 책의 목적인 것처럼 행동한다. 하지만 그 사람의 본래 목적은 전혀 다른 것 같다. 날 능숙하게 설득하고, 삶에 대해 용기를 갖게 해주려고 하고(그런데 어떻게 해야 그런 용기를 갖게 될까?), 믿음을 가지면 확실히 병세가 회복될 수 있도록 여기 모든 사람들이 도와줄 것이라고 나에게 설명하는 방법을 보면 확연히 알 수 있다.

그렇다. 내가 아픈 건 그의 말대로 내가 아무도 믿지 못하기 때문이다. 난 여기서 그걸 배우게 될 것이다. 그런 다음에 그는 시계를 쳐다본다. 아마도 어떻게 하면 오늘 밤 세미나에서 이번 사례에 대해서 잘 발표할 수 있을지 생각하고 있을 것이다. 그는 신경성 식욕부진증을 치료하는 열쇠를 발견했다. 그 해답은 믿음이다. 나에게 믿음에 대해 설교하면서 멍청한 당신은 무슨 생각을 했나요? 모두가 나에게 믿음을 가지라고 설교한다. 하지만 그들은 내 믿음을 살 만한 자격이 없다. 당신은 내 말을 들어주는 척했지만, 내게 깊은 감명을 주려고만 했지, 그 밖의 아무것도 하지 않았다. 당신은 내 마음에 들고 싶어했고, 날 현혹하려고 했고, 나에게 찬사를 받고 싶어했고, 또 밤이면 나를 가지고 수지맞는 장사를 벌여서 세미나에 참석한 동료들에게 자기가 얼마나 솜씨 좋게 한 머리 좋은 여자의 믿음을 사게 되었는지 설명하려고 할 것이다.

당신은 허영덩어리다. 당신의 장난을 간파했기 때문에 난 더 이상 속지 않는다. 내 병세가 회복된 것은 당신이 아니라 포르투갈 출신 청소부인 니나 덕분이다. 니나는 저녁에 자주 내 곁에서 내 이야기를 정말로 귀담아들어 주었고, 우리 가족에 대해 분노를 표현했다. 나 자신은 감히 그럴 마음도 먹기 전의 일이었다. 그 뒤로는 나도 분노를 터뜨릴 수 있게 되었다. 내가 무슨 이야기를 하면 니나는 거기에 대해 반응을 보여주었다. 그 덕분에, 나는 내가 얼마나 춥고 외롭게, 그야말로 철저한 외톨이로 성장했는지를 스스로 감지하기 시작했다. 도대체 내가 어디서 신뢰를 얻어야겠는가?

내가 처음으로 식욕을 느끼게 된 것은 니나와 이야기를 나누고 난 뒤였다. 그때부터 난 음식을 먹기 시작했다. 그때 나는 알았다. 내 삶이 내게 무엇을 베풀어주었어야 했는가를. 그건 바로 진정한 의사소통이었다. 내가 늘 갈망했던 것이 바로 그것이었다. 어머니의 싸늘함, 아둔함, 불안은 내가 원했던 음식이 아니었다. 하지만 난 그런 음식을 억지로 받아먹어야 했다. 이렇게 이름뿐인, 독이 들어 있는 음식을 피한 결과가 거식증이었다. 거식증은 내 목숨을 구해주었다. 거식증은 따듯함, 이해,

대화, 교류에 대한 내 갈망이었다. 물론 니나가 유일한 음식은 아니었다. 하지만 난 이제 알고 있다. 내가 찾으려고 하는 것이 존재한다는 사실을. 다만 그것을 아는 것이 내겐 오랫동안 금지되어 있었을 뿐이다.

니나와 만나기 전에는 그녀 이외에 다른 사람들, 곧 내 가족과 학교 사람들이 있다는 것을 전혀 몰랐다. 그들 모두 지극히 정상적이었기 때문에, 나로서는 다가갈 수가 없었다. 모든 사람들에게 나는 이해할 수 없는 우스꽝스런 아이였다. 하지만 니나에게 나는 전혀 우스꽝스런 아이가 아니었다. 그녀는 여기 독일에서 청소부로 일하고 있지만 포르투갈에서는 대학을 다니기 시작했었다. 그런데 공부를 계속할 돈이 없었다. 대학에 입학하자마자 아버지가 돌아가시고, 스스로 일을 해야 했기 때문이다. 하지만 니나는 나를 이해했다. 대학에서 공부를 시작했기 때문이 아니었다. 그것은 내 문제와 아무런 관련이 없다.

어린 시절 그녀에게는 한 사촌 자매가 있었다. 니나는 나에게 그 사촌에 대해 많은 이야기를 해주었다. 그녀는 니나의 말을 귀담아들어 주고, 항상 진지하게 대해주었다. 그래서 지금 니나가 나를 그렇게 대해줄 수 있는 것이다. 그렇게 하기 위해 억지로 애를 쓰지 않아도 된다. 그래도 그녀에게는 아무런 문제가 안 된다. 그녀는 포르투갈에서, 나는 독일에서 자랐지만, 그녀에게는 내가 낯설지 않다. 참으로 이상한 일 아닌가? 여기는 우리나라인데, 나는 내가 마치 외국인인 듯한 느낌이 든다. 심지어는 나병환자 같은 느낌이 들 때도 자주 있다. 그 이유는 단 하나, 내가 당신들이 의도한 대로 되지 않으려 하고, 앞으로도 그럴 것이기 때문이다.

난 그것을 거식증으로 보여줄 수 있었다. 내 모습이 어떠한지 보라.

나를 보고 혐오감을 느끼는가? 나를 쳐다보고 나서 나 아니면 당신들의 정신이 이상하다는 것을 눈치 채게 된다면 더욱더 좋은 일이다.

당신들은 눈길을 돌린다. 나를 미친 사람 취급한다. 그것이 내 마음을 아프게 한다. 하지만 그것이 내가 당신들 가운데 한 사람이 되는 것보다는 낫다. 어떤 식으로 보면, 난 미쳤다. 내가 당신들에게서 비켜선 것은, 당신들에게 순응하고 내 본성을 드러내기가 싫기 때문이다. 난 내가 누구고, 무엇 때문에 이 세상에 태어났으며, 왜 이 시대에, 왜 남부독일에, 왜 날 전혀 이해하지 못하고 받아들일 수도 없는 우리 부모에게서 태어났는지 알고 싶다. 난 왜 이 세상에 태어났을까? 난 여기서 무얼 하고 있는 걸까?

니나와 대화를 나누게 된 뒤로 이 모든 물음을 거식증 뒤에 감춰둘 필요가 없게 되어 기쁘다. 내 물음에 대한 해답을 발견하고 내게 어울리는 방식에 따라 살아갈 수 있게 해줄 길을 찾아 나설 생각이다.

1997년 11월 3일

난 이제 병원에서 퇴원했다. 필요한 최저 체중에 도달했기 때문이다. 그것으로 충분했다. 그렇게 될 수 있었던 까닭을 알고 있는 사람은 나와 니나 이외에 아무도 없다. 사람들은 자기들이 적용한 식이요법 때문에 내 증세가 치료되었다고 굳게 믿고 있다. 그들이 그렇게 믿고 흡족해한다면야 그건 내 알 바가 아니다. 어쨌든 병원을 떠날 수 있어서 기쁘다. 그런데 이제 어떡하지? 일단 방부터 구해야 한다. 집에서 지내기는 싫다. 엄마는 여느 때처럼 날 돌봐주고 있다. 나를 보살피는 데 모든 힘을 다 쏟는다. 그게 내 신경에 거슬린다. 엄마가 계속 그렇게 나오면, 난 또 다시 아무것도 먹지 못하게 될까 봐 겁이 난다. 엄마가 나에게 이야기하는 방식이 내 입맛을 싹 가시게 하기 때문이다. 엄마의 불안이 내게 느껴진다. 그래서 엄마를 도와주고 싶다. 다시 내 몸무게가 줄어들까 봐 엄마가 불안해하지 않도록 음식을 먹고 싶다. 하지만 난 이런 야단법석을 오래 견디지 못한다. 내 몸무게가 줄어드는 것 때문에 엄마가 불안해하지 않도록 음식을 먹기는 싫다. 먹는 즐거움 때문에 먹고 싶다. 그런데 엄마가 날 대하는 태도 때문에 그 즐거움은 산산조각이 나버린다.

엄마는 나의 다른 즐거움까지 체계적으로 망쳐놓는다. 내가 모니카를 만나려고 하면, 엄마는 그 아이는 마약중독에 빠져 있다고 말한다. 내가 클라우스와 통화를 하면, 엄마는 지금 그 아이 머릿속에는 여자애들 생각뿐이어서 자기는 그 아이를 믿을 수 없다고 말한다. 내가 안나 이모와 이야기를 나누고 있으면, 엄마가 자기 여동생에 대해서 질투하는 것이 보인다. 내가 엄마보다 이모에게 더 솔직하기 때문이다. 아무래도 엄마가 과민반응을 보이지 않게 하고, 엄마의 기분을 맞춰주고, 그래서 내겐 아무것도 남지 않을 정도로 내 인생을 조절하고 축소해야 할 것만 같은 기분이 든다. 그렇다면 그것이야말로 정신적인 의미의 거식증이 아니고 무엇이란 말인가? 엄마를 안심시키고, 엄마가 불안해하지 않도록 하기 위해서, 아무것도 남지 않을 정도로 정신적으로 야위는 것이 아닌가?

1998년 1월 20일

이제 내가 쓸 방을 하나 얻었다. 부모님이 그걸 허락해주시다니 생각할수록 놀랍기 그지없다. 반대가 없었던 것은 아니지만 안나 이모가 옆에서 도와준 덕분에 허락을 받을 수 있었다. 마침내 조용하게 지낼 수 있고, 더 이상 엄마의 끝없는 간섭을 받지 않아도 되고, 나 스스로 짠 시간표에 따라 하루를 생활할 수 있게 되어 처음에는 무척 행복했다. 정말 행복했다. 그런데 그 행복은 오래가지 못했다.

갑자기 난 나의 고독을 견딜 수가 없었다. 집주인 여자의 무관심한 태도가 내게는 엄마의 끊임없는 간섭보다 훨씬 더 나빠 보였다. 난 그렇게 오랜 세월 동안 자유를 그리워했다. 그런데 이제 자유를 얻게 되자, 그것이 나를 불안하게 한다. 집주인인 코르트 여사는 내가 언제 무엇을 먹든 전혀 관심이 없다. 그 문제가 그녀에게 전혀 상관없는 일로 보였다니, 나로서는 참으로 견딜 수 없는 노릇이었다. 난 계속 내게 비난을 퍼부었다. '도대체 네가 원하는 것이 뭐야? 넌 네가 뭘 원하는지도 모르고 있어. 넌 네가 음식을 먹는 행동에 대해 사람들이 관심을 보이면 불평을 터뜨려. 그런데 거기에 무관심한 태도를 보이면, 뭐가 빠진 듯 허전한 느낌이 들고. 네 기분에 맞추기가 힘든 이유는, 너 스스로도 네가 뭘 원하는지 모르기 때문이야.'

그렇게 나 자신과 한 30분 정도 이야기하고 난 뒤, 갑자기 부모님의 목소리가 들려왔다. 부모님의 목소리가 여전히 내 귓속에서 울리고 있었던 것이다. 부모님이 옳았을까? 난 스스로에게 묻지 않을 수 없었다. 내가 뭘 원하는지 모른다는 것이 맞는 말일까? 내가 간절히 원하는 것이 무엇인지 말해도 방해하는 사람이 아무도 없고, 내 말을 가로막거나 나를 비판하거나 불안하게 하는 사람이 아무도 없는 이 텅 빈 방에서, 나는 내가 실제로 느끼고 원하는 것이 무엇인지 밝혀내기 위해 노력하려 했다. 하지만 한마디도 찾아내지 못했다. 목이 졸린 듯 갑갑했고 눈물이 솟구쳐오르는 것을 느꼈다. 우는 것밖에 다른 아무것도 할 수 없었다.

 그렇게 한참 동안 눈물을 흘리고 난 뒤에 저절로 대답이 찾아왔다. 내가 원하는 것은 오로지 부모님이 내 말에 귀를 기울여주고, 나를 진지하게 대해주며, 끊임없이 날 가르치려 하지 않고, 비판하지 않고, 거절하지 않는 것뿐이다. 난 니나와 함께 있을 때처럼 부모님과 있을 때에도 자유로운 느낌이고 싶다. 니나는 한 번도 나에게, 내가 무엇을 원하는지 모른다고 말한 적이 없다. 그런데 그녀가 내 곁에 있을 때에는 나도 내가 무엇을 원하는지 알고 있었다. 그러나 부모님이 나를 가르치려고 하는 방식에 주눅이 들면, 나는 내가 알고 있던 것도 싹 잊어버린다. 그렇게 되면 무슨 말을 해야 좋을지, 부모님이 나를 만족스럽게 생각하고 나를 사랑할 수 있게 하기 위해 내가 어떤 사람이 되어야 하는지 모르게 된다. 하지만 꼭 그런 연기를 하고, 그것이 통해야만 사랑을 받는 것인가?

1998년 2월 14일

 자기 아이가 대회에서 금메달을 땄다고 기쁨에 겨워 정신없이 소리를 질러대는 부모들을 텔레비전에서 볼 때마다, 전율이 내 몸을 휩쓸고 지나간다. 그리고 그들이 20년 동안 사랑했던 아이는 도대체 누구였을까 하는 생각을 해본다. 마침내 부모에게 자랑스러운 아이가 되는 그 순간을 만끽하기 위해 연습에 온 힘을 쏟은 아이였을까? 아이를 정말로 사랑했으면서도, 그 부모는 이렇게 무의미한 명예욕을 가지고 있었을까? 부모의 사랑에 대한 굳은 믿음이 있었는데도, 굳이 금메달을 받을 필요가 있었을까? 부모는 도대체 누구를 사랑했던 것일까? 금메달을 딴 아이였을까? 아니면 부모의 사랑이 부족하여 고통받았을 아이였을까? 나는 텔레비전 화면에서 그런 금메달 수상자를 본 적이 있다. 승리를 확인하는 순간 그는 울음을 터뜨렸다. 그 순간 그를 사로잡은 것은 눈물이었던 것이다. 그건 환희의 눈물이 아니었다. 나는 그동안 그를 사로잡았을 고통을 느낄 수 있었다. 아마도 그 자신만은 그 고통을 의식하지 못하고 있었을 테지만 말이다.

1998년 3월 5일

난 부모님이 원하는 아이가 되고 싶지 않다. 하지만 내가 되고 싶은 대로 될 용기가 내겐 없다. 부모님이 나를 싫어하여 외톨이가 될 때마다 늘 고통스럽기 때문이다. 하지만 부모님 맘에 드는 아이가 되고 싶어한다고 해서 내가 외로움을 느끼지 않겠는가? 그렇다면 그건 나 자신을 속이는 일이다. 2주일 전에 엄마가 아파서 도움이 필요했을 때, 나는 집에 갈 핑곗거리가 생겨 퍽 기뻤다. 그런데 엄마가 나를 걱정해주는 방식에 금방 싫증이 났다. 엄마가 내 걱정을 해주는 것을 위선으로 느끼지 않으려고 아무리 노력해도 어쩔 수가 없다. 엄마는 나를 돌봐주는 척한다. 그렇게 해서 자기를 내게 없어서는 안 될 사람으로 만든다. 그런데 내겐 그것이 엄마가 나를 사랑한다는 것을 억지로 믿게 만들려는 행동으로 느껴진다. 엄마가 나를 사랑한다면, 내가 이 사랑을 느끼지 못할 리가 없지 않은가? 난 비뚤어진 사람이 아니다. 누가 나를 좋아하고 내 속마음을 털어놓게 해주며 내가 말하는 것에 관심을 보여주면, 그걸 알아차릴 줄 아는 아이다. 그런데 엄마에게서는, 내 보살핌과 사랑을 받으려고 한다는 것만 느껴질 뿐이다. 그뿐만이 아니다. 엄마는 내가 그와 정반대로 믿어주길 바란다. 하지만 그건 협박이다. 어쩌면 나는 어린 시절에 벌써 그런 사실을 느끼고 있었을지도 모른다. 다만 그것을 말할 수 없었을 것이고, 말하는 방법도 전혀 알지 못했을 것이다. 지금에 와서야 나는 그 점을 깨달을 수 있었다.

다른 한편으로 보면 엄마가 안돼 보인다. 엄마도 인간관계에 대해 목말라하기 때문이다. 하지만 엄마로서는 그걸 느껴서 겉으로 드러내기가 나보다 훨씬 더 어려울 것이다. 엄마는 마치 갇혀 있는 사람 같다. 이렇게 갇힌 상황에서 자기 눈에도 자신이 너무나 무력하게 보이기 때문에, 끊임없이 자신의 힘을 회복하려고 할 수밖에 없다. 나에 대해서는 특히 더 그렇다.

나는 벌써 또 엄마를 이해하려고 노력하고 있다. 언제쯤이면 그런 일에서 벗어날 수 있을까? 언제 엄마의 심리를 속속들이 들여다보는 일을 그만둘 수 있을까? 나는 엄마를 찾는다. 엄마를 이해하려 하고 도움을 주려고 한다. 하지만 모두 다 소용없는 일이다. 엄마는 도움을 받으려고 하지 않는다. 자신이 약해지는 것을 원치 않는다. 엄마에게 필요한 것은 오로지 힘밖에 없는 것처럼 보인다. 그래서 난 이런 승부에 더 이상 개입하고 싶지 않다. 그리고 내가 그렇게 할 수 있기를 바란다.

아빠는 다르다. 아빠는 존재를 드러내지 않는 방법으로 다스리며 모든 문제를 회피한다. 아빠와는 어떤 만남도 이룰 수가 없다. 내가 아주 어렸을 때, 아빠가 내 몸을 유희의 대상으로 삼았던 그 당시에도 아빠는 한마디도 입 밖에 낸 적이 없었다. 엄마는 다르다. 엄마는 어디에든 있다. 욕을 퍼붓든, 비난을 퍼붓든, 가난을 하소연하든, 푸념을 늘어놓고 있든, 엄마라는 존재는 어딜 가든 있다. 난 엄마라는 존재로부터 절대 벗어날 수 없다. 이런 엄마의 존재는 내게 필요한 영양분이 될 수 없다. 그것은 날 파괴한다. 하지만 아빠의 부재도 내게는 파괴적이었다. 어린 시절에 내게는 무조건 영양분이 필요했기 때문이다.

부모가 주려고 하지 않는데, 내가 어디서 그것을 구할 수 있었겠는가? 내게 절실하게 필요했던 영양분은 인간관계였다. 하지만 엄마와 아빠 모두 그것이 무엇인지 알지 못했으며, 나와의 애착을 두려워했다. 그들 자신이 어린 시절에 학대받았고, 보호를 받지 못했기 때문이다. 이제 나는 똑같은 행동을 되풀이한다. 나는 아빠를 이해하려고 노력한다. 16년 동안 쉬지 않고 그렇게 해왔다. 그런데 지금은 거기서 벗어나고 싶다. 아빠가 아무리 고독 속에서 고통을 받았다고 해도, 결국 아빠가 나를 이러한 고독 속에서 성장하게 했던 것이다. 또 아빠가 자기가 필요할 때는 나를 데려갔지만, 내가 필요할 때는 한 번도 날 데려간 적이 없었던 것도 사실이다. 그리고 나중에 가서 아빠는 항상 나를 피했다. 난 이러한 사실에 충실하려고 한다. 더 이상 현실을 회피하고 싶지 않다.

1998년 4월 9일

다시 심하게 몸무게가 줄어들었다. 병원의 정신과 의사는 내게 한 여성 치료 전문가의 주소를 건네주었다. 수잔이라는 사람이었다. 지금까지 그 사람과 두 번 이야기를 나누었고, 일이 순조롭게 진행되고 있다. 그 여자는 정신과 의사와 다르다. 그녀와 있으면 내가 이해를 받는다는 느낌이 든다. 그것이 마음을 매우 가볍게 해준다. 그녀는 나를 설득하려 하지 않는다. 그저 내 말을 귀담아들어 준다. 그러나 이야기도 하고 자기 생각을 말하기도 한다. 또 내 생각을 다 털어놓게 하고, 내 감정을 믿으라고 용기를 불어넣어준다. 난 그녀에게 니나에 대한 이야기를 하면서 많은 눈물을 흘렸다.

난 여전히 음식을 좋아하지 않는다. 하지만 그 이유가 무엇인지에 대해서 이제는 더 많이, 더 깊이 이해하고 있다. 사람들은 16년 동안 나에게 불량 식품을 먹였다. 그리고 나는 그런 음식에 물렸다. 나는 몸에 좋은 음식을 얻게 될 것이다. 그리고 그렇게 할 수 있는 용기를 낼 수 있도록 수잔이 나를 도와줄 것이다. 그렇지 않으면 난 단식투쟁을 계속하게 될 것이다. 하지만 그것이 단식투쟁인가? 난 그렇게 보지 않는다. 단지 음식을 먹고 싶은 기분이 나지 않을 뿐이다. 다시 말하면 식욕이 없을 뿐이다.

난 거짓을 좋아하지 않는다. 위장하는 것이 싫다. 회피하는 것도 좋아하지 않는다. 그저 부모님과 대화를 나눌 수 있게 되기를 간절히 바란다. 부모님께 나에 대해 설명하고, 그들은 어린 시절을 어떻게 보냈으며, 오늘날의 세계에 대해 어떤 생각을 가지고 있는지 직접 듣고 싶다. 엄마 아빠와 그런 이야기를 해본 적이 한 번도 없다. 부모님은 나에게 훌륭한 예의범절을 가르치기 위해 쉬지 않고 노력하지만 개인적인 일은 모두 회피한다.

이제 나는 그런 것에 넌더리가 난다. 그런데 왜 나는 그냥 떠나지 못하는 것일까? 무슨 이유로 항상 다시 집으로 돌아와서, 날 대하는 부모님의 행동으로 인하여 마음의 상처를 받는 것일까? 왜 내겐 부모님이 안됐다는 생각이 드는 걸까? 그것도 그렇지만 내가 받고 싶은 것을 부모님이 결코 줄 수 없다는 사실을 알면서도, 나는 늘 내가 부모님을 필요로 하고, 항상 부모님을 그리워한다는 사실을 실토하지 않을 수 없다.

그것은 내 오성은 그 사실을 알고 있지만, 내 안에 있는 아이는 그것을 이해할 수 없고, 또 알지 못한다는 것을 의미한다. 아이는 그 사실을 알고 싶어하지 않는다. 다만 사람들이 자기를 사랑해주기만을 바란다. 그 아이는 처음부터 사랑을 받지 못했다는 사실을 이해할 수가 없다. 난 언제쯤 그 사실을 인정할 수 있게 될까?

수잔은 내가 그것을 인정하는 법을 배울 수 있을 것이라고 말한다. 다행히 그녀는 내가 잘못 생각하고 있다는 말은 하지 않는다. 내가 인지한 사실을 진지하게 받아들이고 그것을 믿으라고 격려해준다. 그건 정말 대단한 일이다. 나는 지금까지 이만큼 멋진 경험을 해본 적이 한 번도 없었다. 클라우스와 만나면서도 그런 경험을 해본 적이 없다. 클라우스에게 무슨 말을 하면, 그는 내 기분이 어떠한지를 자기가 나보다 더 잘 알 수 있다는 듯이, "네가 그렇게 믿고 있을 따름이야."라는 말을 자주 하곤 한다. 그런데 자신을 중요한 존재로 여기는 불쌍한 클라우스는 자기 부모가 해준 말만을 되풀이하기도 한다. "네 감정이 널 속이고 있어. 우리가 더 잘 알아." 따위의 말을 말이다. 아마도 그의 부모는 사람들이 그렇게 말을 하니까, 습관적으로 그런 말을 했을 것이다.

기본적으로 볼 때, 그들은 우리 부모와 다르다. 그들은 훨씬 더 귀담아들을 줄 알고, 클라우스가 무슨 말을 하면 훨씬 더 잘 맞장구를 칠 줄도 안다. 특히 클라우스의 어머니가 그렇다. 그녀는 그에게 자주 묻기도 한다. 그때 우리는 그녀가 실제로 클라우스를 이해하려고 한다는 느낌을 받는다. 우리 엄마가 내게 그런 질문을 하면 난 기뻐할 것이다. 그런데 클라우스는 그걸 좋아하지 않는다. 그는 자기 엄마가 자기를 가만히 내버려두는 것을 좋아한다. 그리고 늘 자기를 도와주려고 하지 말고, 자기 스스로 물건을 찾게 놔두길 바란다. 그건 그의 정당한 권리이다. 하지만 클라우스의 이런 행동은 우리 사이에 거리감도 낳는다. 그는 내가 자기에게 다가가지 못하게 한다. 난 수잔과 클라우스에 대해 이야기를 나누고 싶다.

1998년 7월 11일

수잔이 있어서 얼마나 다행인지 모른다. 그녀가 내 말을 귀담아들어주고, 내 나름의 방식으로 나 자신을 표현하라고 격려해주기 때문만은 아니다. 나 자신이, 누군가가 내 편을 들어주고, 그녀가 나를 좋아하도록 하기 위해 내가 변해야 할 필요가 없다는 사실을 알고 있기 때문이다. 그녀는 있는 그대로의 내 모습을 좋아한다. 그건 대단한 일이다. 난 그녀에게 이해받기 위해 긴장할 필요가 없다. 그녀는 날 그 자체로 이해한다. 남의 이해를 받는다는 것은 굉장한 느낌이다. 내 말에 귀를 기울여주려는 사람을 찾아내기 위해서 세상을 돌아다닐 필요가 없다. 그리고 나중에 실망할 일도 없다. 나는 날 이해할 수 있는 사람을 찾아냈다. 난 이 사람 덕분에 내가 얼마나 나를 기만하고 있었는지 판단할 수 있었다. 이를테면 클라우스와의 관계에서 말이다.

우린 어제 극장에 갔다. 그 다음에는 영화에 대해 이야기를 나누려고 했다. 난 그에게 그 영화가 좋은 평가를 받았음에도 내가 연출에 실망한 이유에 대해 설명했다. 그 얘기를 듣고 그는 "네 요구는 너무 까다로워."라는 말만 했을 따름이다. 그러자 전에도 그가 내가 말한 내용에 대해 맞장구치는 대신에, 그런 식으로 언급했다는 사실이 기억났다. 하지만 난 그것을 늘 정상적인 것으로 받아들였다. 집에서도 다른 말을 들어

본 적이 없고, 거기에 익숙해져 있었기 때문이다. 그런데 어제 그 생각이 났다. 수잔이라면 내게 그런 반응을 보이지 않았을 거라는 생각이 들었다. 그녀는 늘 내가 하는 말에 대답을 해주고, 내 말이 이해가 되지 않으면 재차 묻는다.

난 퍼뜩 깨닫게 되었다. 내가 1년 전부터 클라우스와 친구로 지냈고, 원래부터 그가 내 말에 전혀 귀를 기울이지 않았으며, 아빠와 비슷하게 나를 회피했고, 나는 그것을 당연한 것으로 간주했다는 사실을. 앞으로 그런 상황에 변화가 있을까? 왜 그것은 반드시 변해야 할까? 클라우스가 나를 회피한다면, 거기엔 이유가 있을 것이고, 난 그것에 대해 달리 아무것도 할 수 없을 것이다. 하지만 다행히 나는 사람들이 나를 피하는 것을 좋아하지 않으며, 이렇게 좋아하지 않는다는 것을 표현하기도 한다는 사실을 깨닫기 시작했다. 난 더 이상 아빠 곁의 어린 아이가 아니다.

1998년 7월 18일

나는 수잔에게 클라우스가 내 신경에 거슬릴 때가 자주 있는데 그 이유를 모르겠다고 이야기했다. 난 그를 좋아한다. 그런데 날 화나게 하는 사소한 일들이 항상 벌어진다. 그 때문에 난 나를 나무라게 되는데 그는 나와 잘 지내고 있다고 생각한다. 클라우스는 나를 사랑한다고 말한다. 난 그가 내게 무척 집착한다는 사실을 알고 있다. 도대체 왜 난 그렇게 편협할까? 왜 난 사소한 일에 자극을 받는 걸까? 왜 난 대범하지 못할까? 난 몇 시간 동안 그렇게 마구 지껄여대며, 그 잘못을 내게 돌렸다.

수잔은 내 말을 귀담아듣고 있다가 마침내 질문을 던졌다. 도대체 무엇을 두고 사소한 것이라고 말하느냐고 말이다. 그녀는 모든 것을 속속들이 알고 싶어했다. 나는 그런 시시콜콜한 문제까지 이야기하고 싶지 않았다. 하지만 마침내 알게 되었다. 날 화나게 만드는 것을 정확하게 관찰하지도 않고 몇 시간씩이나 그렇게 수다를 떨어대며 잘못을 내 탓으로 돌렸다는 사실을 말이다. 그건 내가 내 감정을 진지하게 받아들이지도 이해하지도 못하면서 사전에 미리 그것을 비난했기 때문이다.

그래서 나는 세세한 일에 대해서 구체적으로 이야기하기 시작했다. 편지에 관계된 사연이 하나 있었는데, 난 그에게 아주 긴 편지를 쓴 적이 있다. 그가 내 감정을 드러내지 못하게 막으려고 할 때마다 내 기분이 얼마나 상하는지를 편지로 이야기하려고 했다. 예를 들어 내가 매사를 부정적으로 보고, 사소한 일을 꼬치꼬치 따지며, 이야기할 만한 가치가 없는 일들까지도 그냥 보내는 법이 없이 심각하게 생각한다고 말할 때마다 말이다. 그는 내게 이유 없이 불필요한 걱정은 하지 말라고 말한다. 그런 말은 나를 슬프게 하고, 외로움을 느끼게 한다. 그래서 나 자신에게 그와 똑같은 말을 하게 된다. 더 이상 깊이 생각하지 마, 인생의 좋은 면을 받아들여, 그렇게 복잡하게 굴 것 없어, 하고 말이다. 그런데 수잔에게 심리요법을 받으면서 나는 그런 충고들이 나에게 도움이 되지 않으며, 나로 하여금 바람직한 결과를 얻지 못할 의미 없는 노력을 하게 만든다는 사실을 깨달았다.

나는 내 본연의 모습이 환영을 받지 못한다고 느낀다. 그리고 점점 더 환영받지 못하고 있다. 전에 엄마에게 그랬듯이 나에게도 환영을 받지 못한다. 아이가 본연의 모습과 전혀 다른 모습을 갖기를 바라면서 어떻게 그 아이를 좋아할 수 있겠는가? 내가 끊임없이 본연의 모습과 다른 나의 모습을 가지려고 한다면, 그리고 클라우스가 나에게 그것을 원한다면, 나는 나를 사랑할 수 없다. 그리고 다른 사람들이 나를 사랑한다고 믿을 수도 없다. 도대체 그들은 누구를 사랑하는가? 본연의 내가 아닌 그 사람을 사랑하는가? 아니면 자기들이 좋아할 수 있도록 변화시키고 싶어하는, 본연의 내 모습을 한 어떤 사람을 사랑하는가? 난 그런 '사랑'을 위해 애쓰고 싶지 않다. 난 그런 사랑에 지쳤다.

심리요법을 통해서 용기를 얻은 나는 그 모든 일에 대해 클라우스에게 편지를 썼다. 편지를 쓸 때 나는 그가 그 모든 것을 이해하지 못하면 어떡하나 걱정이 되었다. 어쩌면 그는 그 모든 것을 자신에 대한 비난으로 받아들일지도 모른다.(내가 가장 걱정하는 점이 그것이다.) 하지만 내 의도는 전혀 그게 아니었다. 난 단지 나 자신을 솔직하게 드러내려고 했고, 클라우스가 나를 더 많이 이해하게 되기를 바랐다. 난 이 순간 내가 변하게 된 이유를 분명하게 썼다. 그 변화에 그도 함께하길 원했고, 그를 배제하고 싶지 않았다.

클라우스는 답장을 바로 보내지 않았다. 난 그가 화를 내고, 쉬지 않고 골똘히 생각하는 나에게 싫증을 내며 나를 기피하는 것은 아닐까 벌써부터 걱정이 되었다. 그러면서도 그가 나의 편지 내용에 대해 자기 견해를 드러내줄 것으로 기대했다. 며칠 더 지난 뒤에, 그가 휴가 중에 쓴 편지가 왔다. 그의 의견을 밝힌 것이 아니라, 말 그대로 날 어이없게 하는 편지였다. 그는 내게 편지를 보내주어서 고맙다고 했다. 하지만 편지 내용에 대해서는 한마디도 운을 떼지 않았다. 그 대신 휴가 중에 무엇을 했고, 어떤 산을 더 오를 계획이고, 밤이면 어떤 사람들과 외출을 하는지 이야기했다.

나는 산산이 부서져 바닥에 널브러진 꼴이 되었다. 내가 지닌 건강한 인간 오성이 하는 말에 따르자면, 그에게는 내 편지를 감당할 능력이 없었다. 그는 다른 사람의 감정은 말할 것도 없고, 자기 자신의 감정에 개입하는 데도 적응이 되어 있지 않았다. 그래서 내 편지를 받고 어디서 어떻게 시작해야 하는지 알 수가 없었던 것이다. 하지만 나 자신이 내 감정을 진지하게 받아들이려고 했을 때는, 건강한 인간 오성을 통한 깊은 생각도 내게는 도움이 되지 않았다. 나는 철저하게 파괴된 느낌을 받았다. 그리고 내가 편지를 쓰기는 썼던가 하는 기분이 들었다. 사람들이 아무것도 아닌 존재로 대하는 나는 도대체 누구인가 하는 생각도 들었다. 내 영혼이 살해당한 느낌이었다.

수잔에게 심리요법을 받으며 이와 같은 감정에 가까이 다가갔을 때, 나는 실제로 살해당할 위험에 처해 있는 어린 아이처럼 눈물을 흘렸다. 다행히 수잔은 내가 이런 감정을 드러내는 것을 막으려고 하지 않았고, 이제 위험은 사라졌다고 말하려고 했다. 그녀는 날 울게 내버려두고, 어린 아이 다루듯 내 팔을 잡고 등을 쓰다듬어주었다. 그 순간 처음으로 나는 어린 시절에 영혼의 살해와 결코 다르지 않은 일을 경험했다는 사실을 깨닫게 되었다.

내 편지를 아무렇지도 않게 무시한 클라우스에게 겪은 일이 새로운 경험은 아니었던 것이다. 난 그 경험에 대해 오래전부터 매우 자세히 알고 있었다. 단지 새롭다면 이러한 경험에 대해서 내가 처음으로 반응할 수 있고, 고통을 느낄 수 있게 되었다는 사실이다. 어린 시절에는 내가 그렇게 할 수 있도록 도와준 사람이 아무도 없었다. 누구도 내 팔을 잡아주지 않았고, 지금 수잔에게서 느끼는 것처럼 많은 이해심을 보여주지도 않았다. 과거에 나는 그 고통에 다가가기가 어려웠다. 그리고 시간이 지나고 나서야 나는, 비록 이해하지는 못했지만, 거식증을 통해 그것을 드러냈다.

아무도 나와 대화를 나누려고 하지 않을 때, 거식증은 늘 나에게 굶으라고 했다. 그런데 내가 굶으면 굶을수록, 주위 사람들은 점점 더 나를 전혀 이해하지 못하겠다는 반응을 보인다. 클라우스가 내 편지에 대해 보였던 반응처럼 말이다. 의사들은 서로 다른 처방을 내리고, 우리 부모님은 다시 날 들볶기 시작하고, 정신과 의사는 음식을 먹지 않으면 생명을 잃게 될 것이라고 위협한다. 그러면서 식사를 할 수 있게 해준다는 약을 건넨다. 모두들 내가 식욕을 느끼게 하려고 강제한다. 하지만 사람들이 내게 보여준 의사소통 방식은 모두 잘못된 것이다. 이런 방식으로는 내게 식욕이 생기지 않는다. 내가 추구하는 것을 충족하기란 불가능해 보인다.

수잔에게서 나 자신을 깊이 이해해준다는 느낌을 받기 전까지는 그랬다. 하지만 수잔을 만나고 나서 내게 희망이 다가왔다. 진정한 의사소통을 할 수 있을 것이라는, 어쩌면 태어나는 순간 모든 사람이 가지고 있을 법한 희망이 말이다. 모든 아이는 어떻게든 엄마에게 다가가려고 버둥거린다. 하지만 아무런 응답이 없을 때, 아이는 희망을 잃게 된다. 어쩌면 이와 같은 어머니의 거절에 모든 절망의 뿌리가 놓여 있는지도 모른다.

이제 수잔 덕분에 내게 다시 희망이 살아나는 듯했다. 난 과거의 나처럼 솔직한 대화에 대한 희망을 포기한 클라우스와 같은 사람들과 더 이상 함께하지 않을 것이다. 이제는 내 과거에 대해 이야기를 나눌 수 있는 사람들과 어울리고 싶다. 내가 나의 어린 시절에 대해 입을 열면, 아마도 대부분의 사람들은 불안해할지도 모른다. 하지만 어떤 사람들은 나와 마찬가지로 마음을 터놓으려고 할 것이다.

수잔과 단 둘이 있으면, 마치 내가 다른 세계에 와 있는 듯한 느낌을 받는다. 어떻게 내가 그렇게 오랫동안 클라우스에 대해 참고 있었는지 더 이상 이해가 되지 않는다. 기억을 더듬어 아빠의 행동에 가까이 가면 갈수록, 나는 클라우스 그리고 그와 비슷한 남자친구들에 대한 나의 애착의 근원을 점점 더 명확하게 깨닫게 된다.

2000년 12월 31일

오랫동안 일기를 쓰지 않다가, 2년간의 시간이 지난 오늘, 나는 심리요법을 받던 시기에 일기장에 써두었던 내용을 읽어보았다. 거식증 때문에 어쩔 수 없이 거쳐야 했던 긴 치료과정에 비교할 때, 읽는 데 걸리는 시간은 순간에 지나지 않았다. 어떻게 내가 내 감정과 단절된 채, 언젠가는 우리 부모님과 진정한 관계를 맺을 수 있을 것이라는 희망을 항상 붙들고 있었는지, 나는 이제 분명히 깨닫고 있다.

하지만 그동안 모든 사정이 변했다. 1년 전부터 나는 수잔에게 심리요법을 받지 않고 있으며, 또 그럴 필요도 없게 됐다. 심리요법을 받으며 내 인생에서 처음으로 알게 된, 내 안에 있는 아이를 이제는 이해할 수 있기 때문이다. 이제 나는 과거에 한때 나였고, 아직도 늘 내 안에 살아 있는 그 아이의 동반자이다. 나는 내 몸이 보내는 신호를 존중할 수 있고, 몸에 대해 압력을 행사하지 않는다. 그리고 이제는 증세들이 사라져버렸다. 난 더 이상 거식증으로 고생하지 않으며, 음식과 삶에 대한 의욕이 넘치고 있다. 비난을 두려워하지 않고 솔직하게 대화를 나눌 수 있는 남자친구들도 몇 명 있다. 다 자란 아이뿐만 아니라 내 안의 아이까지도 자기가 품었던 절실한 희망이 얼마나 철저하게 거절당하고 퇴짜를 맞았는지 이해하고 난 이후로, 우리 부모님에게 걸었던 과거의 기대도 저절로 사라졌다.

이제 나는 솔직하고 정직하고 싶은 내 욕구를 허물어뜨릴 게 뻔한 사람들에게는 더 이상 마음이 끌리지 않는다. 나는 나와 비슷한 욕구를 지닌 사람들을 찾아냈고, 밤에 심장떨림증으로 고생하지도 않으며, 터널 속으로 빨려 들어가는 공포에 시달리지도 않는다. 내 몸무게는 정상이고, 신체의 기능이 안정되어 약도 먹지 않는다. 그러나 나에게 알레르기 반응을 일으키게 하는 사람들과의 만남은 피하고 있다. 나는 그 사람들을 만나면 알레르기 반응이 나타나는 이유를 알고 있다. 몇 년에 걸쳐 내게 좋은 충고를 해주었던 우리 부모님과 많은 가족 구성원들과의 만남도 그런 경우에 속한다.

이와 같이 긍정적인 변화가 있었음에도, 내가 여기서 아니타라고 부른 그 실제 인물에게, 병이 크게 재발한 일이 있었다. 강요에 못 이겨 아니타가 다시 어머니를 방문했을 때 그랬다. 그녀의 어머니는 병이 들자 그 책임을 아니타에게 돌렸다. 자기가 발길을 끊으면 그것이 어머니에게 얼마나 큰 타격을 줄 것인지를 아니타는 틀림없이 알고 있었을 것이라는 게 그 이유였다. 그러면서 그녀는 아니타에게 어떻게 자기에게 그런 짓을 할 수 있느냐고 비난했다.

그와 같은 연극은 자주 벌어진다. 어머니라는 지위는 어머니에게, 다 성장한 딸의 양심을 조종할 수 있는 무한한 권력을 부여한다. 어린 시절에 딸은 어머니에게 곁에서 자기를 보살펴달라고 졸라댈 수 없었다. 그런데 어머니는 다 자란 딸에게 쉽게 그것을 요구하며 협박할 수가 있다. 그것이 딸에게 적지 않은 죄책감을 불러일으키는 경우에는 말이다.

자기 자신이 다시 해묵은 죄책감에 빠져 있는 모습을 보았을 때, 심리요법에서 거둔 모든 효과가 위험에 처한 듯 보였다. 다행히 거식증 증세는 다시 나타나지 않았다. 하지만 어머니를 방문한 것을 계기로 아니타는 명확하게 깨닫게 되었다. 감정적인 협박으로 인하여 겪을 수밖에 없는 '어려움'에 대해 마음을 굳게 먹지 않은 상태에서 어머니 방문을 중단하면, 다시 우울증이 도질 것이라고 예상해야 한다는 사실을 말이다. 그래서 아니타는 수잔이 도와주고 응원해줄 것이라는 희망을 품고 다시 그녀에게 연락했다.

그런데 너무나 놀랍게도 이때 아니타가 만난 수잔은 그녀가 그때까지 알고 있던 수잔이 아니었다. 다시 만난 수잔은 죄책감을 완전히 떨어버리려면, 다시 말해 오이디푸스 콤플렉스를 해소하려면, 다시 한 번 정신분석학적 치료를 받아야 한다는 것을 아니타에게 설명하고 설득하려고 했다. 아버지의 근친상간적 학대가 남긴 죄책감을, 그녀가 평생 동안 어머니에게 갚으려고 하기 때문이라는 것이 그 이유였다.

이런 해석을 듣고 나자 아니타는 아무런 치료도 시작할 수가 없었다. 그때는 조종당하고 있다는 분노 이외에 아무런 느낌도 없었다. 아니타가 만난 수잔은, 여러 차례 확인을 하고도 자기가 속한 학파의 도그마에 대해 충분히 의문을 제기하지 못한 정신분석학파의 포로임이 분명했다. 수잔은 아니타가 '부정의 교육'의 이상을 떨쳐내는 데 커다란 도움을 줄 수 있었다. 하지만 이제 아니타가 보기에 수잔은 자기가 받은 교육이 주입한 관점에 종속되어 있었다. 아니타가 듣기에 그것은 전적으로 잘못된 관점이었다. 수잔보다 거의 서른 살이나 어린 아니타로서는 한 세대 전 사람들이 당연하게 여겼던 도그마를 따를 필요가 없었다.

그렇게 수잔과 헤어진 아니타는, 심리요법에서 이미 비슷한 경험을 한 적이 있고, 교육과 관계없는 의사소통을 추구하는 동년배 집단을 발견하게 되었다. 그 모임에서 그녀는 가족의 흡입력에서 벗어나고, 자기로서는 최소한의 이해도 할 수 없는 여러 가지 이론에 설득당하지 않기 위해 필요로 했던 사실들을 확인했다. 그리고 우울증이 사라졌다. 거식증도 재발하지 않았다.

거식증은 치명적인 결과를 동반하기도 하는 매우 복잡한 질병으로 간주된다. 거식증 환자는 극심한 고통을 겪는다. 이 병을 이해하려면, 환자가 어린 시절에 무슨 일로 고통을 겪었고, 부모가 그에게 중요한 정서적 영양분을 주지 않았을 때 정신적으로 어떤 고통을 겪었는지 분명하게 밝혀야 한다. 그런데 이러한 진술이 아무래도 의사들의 심기를 매우 언짢게 하는 것 같다. 그래서인지 그들은 차라리 거식증은 이해할 수 없는 병이며, 약으로 증세에 대응할 수는 있으나 사실상은 치유되지 않는다는 의견에 집착한다. 몸이 이야기하는 과거가 무시되고, '네 번째 계명'의 이름으로 도덕의 제단에 희생으로 바쳐지는 곳에서도 이와 비슷한 오해가 발생한다.

아니타는 맨 처음에는 니나, 그 다음에는 수잔, 마지막으로는 집단을 통해, 자기에게 영양분이 풍부한 의사소통에 대한 욕구를 고집

할 권리가 있다는 것을 깨달았다. 또한 이 영양분을 더 이상 포기해서는 안 되며, 우울증이라는 대가를 치르지 않고는 어머니와 함께 살 수 없다는 것도 배웠다. 그녀의 몸은 그것으로 만족했다. 그때부터 몸은 그녀에게 더 이상 경고를 보낼 필요가 없었다. 그녀가 자신의 감정에 충실하면서 몸의 욕구를 존중했고, 다른 사람이 자기에게 책임을 뒤집어씌우게 내버려두지 않았기 때문이다.

아니타는 니나 덕분에 병원에서 처음으로, 강요와 책임전가가 없이도 인간적인 다정함과 관심 같은 것을 함께 나눌 수 있다는 것을 깨달았다. 그런 다음에는 수잔처럼 이야기를 귀담아들어 주고 함께 느낄 수 있는 심리요법 전문가를 만나는 행운을 얻었다. 수잔과 있으면서 아니타는 자신의 감정을 찾아냈고, 또 그것을 경험하고 표현하는 용기를 낼 수 있었다. 그 다음부터 그녀는 자기가 찾고 있고 필요로 하는 영양분이 무엇인지 알게 되었고, 새로운 인간관계를 맺을 수 있었으며, 자기가 모르는 그 무엇을 기다리고 있는 낡은 인간관계를 청산할 수 있었다. 아니타는 자기가 무엇을 기대하는지 깨달았고, 이를 수잔에게서 얻었다. 그러한 경험에 힘입어 그 다음에는 이 심리요법 전문가의 한계도 인식할 수 있었다. 이제 자기 앞에 제기된 거짓에서 도망가기 위해, 아니타가 구멍 속으로 기어들어갈 필요는 두 번 다시 없을 것이다. 그 거짓 앞에 언제나 자신의 진실을 내놓을 것이고, 다시는 굶을 필요가 없을 것이다. 이제는 자신을 위해 살 만한 가치가 있기 때문이다.

사실 아니타의 이야기에는 해설이 필요치 않다. 그녀가 일기에 쓴 것들은 이 이야기가 반영하고 있는 법칙성을 보여주고 있다. 발병의 근원에는 아니타의 단식이 있었고, 그것은 그녀가 부모와 이성 친구들과 진정하고 애정 어린 접촉을 갖지 못한 데 기인한 것이었다. 그런데 자기를 위해주고, 이해하려 하고, 이해할 수 있는 사람들이 있다는 것을 경험하게 된 순간, 마침내 병에서 회복될 수 있었다.

특히 불안감은 어린 시절에 억눌린(내지는 억압당하거나 분리되어) 우리 몸의 세포 속에 저장된 감정에 속한다. 매를 맞은 어린이는 다시 맞을지 몰라 늘 불안할 수밖에 없다. 그런데 자신이 난폭한 취급을 받는다는 사실을 알면서 살아갈 수는 없기 때문에, 아이로서는 자기가 알고 있는 사실을 억압하는 수밖에 없다. 이와 비슷한 현상으로 무시당하는 아이도 고통을 의식 속에서 경험하지 못한다. 하물며 그것을 표현하기는 더더욱 불가능한데, 완전히 버림받을지 모른다는 불안 때문이다. 그래서 아이는 비현실적이고 미화된 환상의 세계에 머문다. 그것이 아이가 살아남는 데 도움이 되기 때문이다.

이제 성인이 되어 과거에 억압했던 감정들이 지극히 일상적인 사건들을 통해서 가끔 환기될 때에도, 사람들은 그것을 거의 이해하지 못한다. "내가? 우리 어머니에게 불안감을 느낀다고? 우리 어머니는 누굴 해롭게 하는 분이 절대 아니야. 나에게 다정하고, 나를 위해 모든 노력을 아끼지 않아. 내가 어떻게 어머니에게 불안감을 느낄 수가 있겠어?" 이렇게 말하는 사람도 있다. "우리 어머니는 끔찍해. 난 그걸 알아. 그래서 어머니와 완전히 관계를 끊었어. 난 어머니에게서 완전히 독립했어." 어쩌면 성인에게는 그것이 사실일 수도 있다. 하지만 그 성인 안에는 통합되지 못한 어린 아이, 자신의 극심한 불안을 인정받고, 그것을 의식 속에서 경험할 수 있었던 적이 한 번도 없었고, 그래서 지금은 그것을 다른 사람들을 향해 겨누고 있는 아이가 아직도 살고 있을 수도 있다. 이러한 불안감이 분명한 이유도 없이 갑자기 우리를 덮쳐 극단적인 공포에 빠뜨릴 수 있다. '전문가 증인'이 곁에 있어 그것을 경험하게 해주지 않을 경우, 어머니와 아버지에 대한 무의식적인 불안은 수십 년 동안 갈 수도 있다.

예를 들어 아니타의 경우에는 그것이 병원 직원 전체를 불신하고 음식을 섭취하지 못하는 태도로 드러났다. 더러 불신이 옳을 때도 있지만 항상 옳은 것은 아니다. 그것은 모호한 것이다. 몸은 항상, 난 그것을 원하지 않는다는 말만 할 뿐, 과거에 자기가 원한 것이 무엇이었는가에 대해서는 말할 줄 모른다. 수잔의 도움으로 자신의 감정을 경험할 수 있게 된 다음에야 비로소, 다시 말해 감정적으로 완전히 꽉 막힌 어머니에 대한 이른 어린 시절의 불안을 자기 안에서 발견하고 난 다음에야 비로소, 아니타는 그 불안에서 벗어날 수 있었다. 그때부터 그녀는 현재 속에서 방향을 좀 더 잘 구분할 수 있게 되었다. 현재를 더 효과적으로 구별할 수 있게 되었기 때문이다.

아니타는 이제 클라우스에게 진실하고 솔직한 대화를 나누자고 강요하기 위해 애쓸 필요가 없다는 것을 알게 되었다. 그의 태도를 바꾸는 것은 전적으로 그에게 달린 문제였기 때문이다. 클라우스는 더이상 그녀에게 어머니를 대신하는 존재가 될 수 없었다. 다른 한편으로 아니타는 갑자기 주위에서 자기 어머니나 아버지와는 다른 사람들을 발견하게 되었다. 그들 앞에서는 더 이상 자신을 보호할 필요가 없었다. 또 이제는 이른 어린 시절에 겪었던 자신의 과거에 대해 익히 알게 되었기 때문에, 더 이상 그것을 두려워하며 연극을 거듭할 필요도 없었다. 아니타는 갈수록 현실 속에서 방향을 더 잘 짚어낼 수 있었고, 현재와 과거를 구분할 수 있게 되었다. 또한 먹는 것에서 새로운 기쁨을 발견했다. 거기에는 사람들과 접촉하면서 얻는 기쁨이 반영되어 있었다. 그들은 그녀에게 솔직했고, 그녀는 긴장할 필요가 없었다. 아니타는 그 사람들과의 교류를 마음껏 즐겼다. 그리고 놀란 표정을 지으며, 그렇게 오랜 세월 동안 자기를 거의 모든 이웃들에게서 떼어놓았던 그 불신과 불안감은 도대체 어디로 갔느냐고 자주 묻곤 했다. 현재와 과거가 그렇게 불투명하게 얽히지 않게 된 이후로, 그것들은 사실상 사라져버렸다.

우리는 많은 청소년들이 불신감을 가지고 정신과 의사를 대한다는 것을 알고 있다. 의사들이 그들에게 호의를 품고 있다고 말해도 납득하지 않는다. 사실 의사들은 정말로 그들에게 호감을 갖고 있는데도 말이다. 그들은 의사들이 온갖 술수를 부릴 것이라고 예상한다. 예컨대 예로부터 유명한, 도덕을 옹호하는 '부정의 교육'의 논거를, 곧 어렸을 때부터 익히 알고 있는 의심스러운 그 모든 것을 자기들에게 적용할 것이라고 예상한다. 치료 전문가는 먼저 환자에게 신뢰를 얻어야 한다. 그런데 자신의 믿음이 악용되었다는 것을 반복해서 경험할 수밖에 없는 환자에게 어떻게 신뢰를 얻을 수 있겠는가? 몇 달, 아니면 몇 년 동안 의사는 지속적인 관계를 쌓는 일에 열중해야만 하는가?

난 그렇게 믿지 않는다. 나는 의심이 무척 많은 사람들도 누가 실제로 자기를 이해해주고 받아들여준다고 느끼면, 남의 말에 귀를 기울이고 마음을 여는 것을 경험했다. 아니타가 포르투갈 소녀 니나, 그리고 그 뒤에 심리요법 전문가인 수잔을 만났을 때처럼 말이다. 몸의 도움을 받아 아니타는 금방 불신을 벗어던질 수 있었다. 진정한 영양분이 무엇인지 깨달았을 때, 몸이 점차 식욕을 발휘했기 때문이다. 진정으로 이해하려고 하는 마음은 금방 확인할 수 있다. 그건 속일 수가 없다. 겉모습이 아니라 진정한 모습이 그 뒤에 숨어 있다면, 비록 의심 많은 청소년이라도 금방 이를 알아볼 수 있을 것이다. 하지만 도움을 주겠다는 제안에는 그 어떤 거짓의 흔적이 담겨 있어서도 안 된다.

몸은 조만간 그것을 눈치 챌 것이다. 아무리 화려한 언어도, 적어도 지속적으로는, 몸을 속일 수 없다.

에필로그

참된 자아와 생명에 이르는 길

　어린 아이를 때리는 것은 학대로서, 평생에 걸쳐 심각한 영향을 끼친다. 어린이가 겪은 폭력은 몸에 저장되어 있다가, 훗날 어른이 되면, 다른 사람들이나 다른 민족에게 전가된다. 또 매를 맞은 아이가 그 폭력을 자기 자신을 향해 겨냥할 경우, 그것은 우울증, 마약중독, 중병, 자살이나 때 이른 죽음을 초래한다. 이 책 제1부는 이렇게 과거에 경험했던 잔혹함의 진실을 부정하는 것이 생명을 유지해야 하는 몸의 생물학적 과제를 어떻게 방해하고, 몸의 기능을 어떻게 봉쇄하는지 보여주고 있다.

　죽을 때까지 경외심을 가지고 부모를 대해야 한다는 생각에는 두 가지 원리가 바탕을 이루고 있다. 첫 번째 원리는, 심각한 도착증으로 이어지기까지 하는 피학대음란증을 통해 적지 않게 드러나듯이, 과거에 학대받던 아이와 그 아이를 괴롭히던 사람의 (파괴적인) 애착이다. 두 번째 원리는 몇천 년 전부터 우리를 위협했던 도덕, 예컨대 부모가 우리에게 무슨 행동을 했든, 감히 부모를 존경하려 하지 않으면 제명에 죽지 못할 것이라고 위협하는 도덕을 바탕으로 하고 있다.

우리를 불안하게 하는 도덕이 과거에 학대받던 아이들에게 매우 무서운 영향을 끼치는 것은 분명해 보인다. 어려서 매를 맞은 아이들은 하나같이 불안에 대한 저항력이 없다. 어려서 사랑을 경험하지 못한 아이들은 모두 사랑을 갈망한다. 평생 사랑을 그리워하는 아이도 있다. 엄청난 기대가 담겨 있는 이 동경은 불안과 한 쌍을 이루어, '네 번째 계명'을 유지하는 데 안성맞춤을 이룬다. 그리고 이 계명은 모든 종교에 불 보듯 뻔하게 반영되어 있는, 어린이에 대한 어른의 힘을 대표한다.

나는 이 책에서 점증하는 심리학 지식의 힘을 통해, '네 번째 계명'의 위력이 감소함으로써 삶에 중요한 몸의 생물학적 욕구에 보탬이 될 수 있다는 희망을 피력하려 했다. 그 욕구란 다른 무엇보다도 진실에 대한 욕구, 자기 자신, 자신의 지각과 감정과 인식에 충실하고자 하는 욕구이다. 진실한 의사소통을 통해 순수한 표현을 하려고 노력하면, 허위와 위선 위에 구축된 모든 것이 떨어져 나갈 것이다. 그렇게 되면 느끼지도 못하는 감정을 가지고 있다고 둘러대거나, 확실하게 느끼는 다른 감정을 억압하는 그런 인간관계를 맺으려 애쓰지 않아도 될 것이다. 나는 진실성을 배제하는 사랑을 사랑이라고 부를 수가 없다.

다음의 내용을 통해 이와 같은 생각을 요약해보려고 한다.

1. 과거에 학대받았던 아이의 부모에 대한 '사랑'은 사랑이 아니다. 그것은 기대, 환상, 부정으로 가득한, 모든 참여자들에게

높은 대가를 요구하는 애착이다.
2. 이러한 애착의 대가를 제일 먼저 지불하는 것은 거짓된 마음으로 성장하는 그의 자녀들이다. 사람들은 그에게 '이로웠다'고 믿는 것을 그의 아이들에게 자동적으로 전해줄 것이기 때문이다. 그 당사자 또한 건강을 해치는 것으로 자신의 부정에 대한 대가를 치르는 경우가 적지 않다. 이는 그의 '고마움'이 자기 몸이 알고 있는 지식과 모순을 이루기 때문이다.
3. 성공을 거두지 못하는 심리요법이 매우 많다. 그것은 많은 심리요법 전문가들 스스로가 전통적인 도덕의 덫에 걸려 있고, 자기 환자들을 그 안으로 끌어들이려고 애쓴다는 사실을 통해 설명된다. 그들이 그것 말고는 아는 것이 없기 때문이다. 예를 들어 어떤 여자 환자가 감정을 느끼기 시작하고, 자기 아버지의 근친상간 행위를 단호하게 비판할 수 있게 되기가 무섭게, 아마도 여성 심리요법 전문가의 마음속에서는 부모에게 벌을 받을 것이라는 불안이 솟구쳐오를지도 모른다. 만약 그녀가 자신의 진실을 바라보고, 그것을 표현해야 할 경우에는 말이다. 용서가 치료의 수단으로 제공되는 것을 달리 어떻게 이해하겠는가? 심리요법 전문가들은 부모들이 그렇게 했던 것처럼, 자신의 마음을 안정시키기 위해 자주 용서를 제안한다. 심리요법 전문가들의 메시지는 과거 부모의 그것과 매우 비슷하게 들리면서도 훨씬 더 친절하게 표현되는 경우가 많다. 그렇기 때문에 환자는 그 교육적 의도를 간파하기 위해 많은 시간을 들여야 한다. 그가 마침내 그것을 간파했다 해도, 그때는 심리요법

전문가를 떠날 수가 없다. 그 사이에 벌써 유해한 애착이 새롭게 형성되었기 때문이다. 이제 환자에게는 심리요법 전문가가 그의 탄생을 도와준 어머니가 된다. 환자가 심리요법을 통해 감정을 느끼기 시작했기 때문이다. 그렇게 그는 도움을 주기 위해 신호를 보내는 자기 몸의 소리에 귀를 기울이는 대신에, 심리요법 전문가가 자기를 구원해줄 것이라고 기대하며 계속 기다린다.

4. 그런데 환자에게 행운이 따라, 감정이입 능력이 있는 증인이 곁에 있어준다면, 부모(또는 부모와 같은 존재)에 대한 불안감을 견뎌내고 이해하여, 차츰 파괴적인 애착에서 벗어날 수 있게 된다. 몸이 긍정적인 반응을 보내는 데는 오랜 시간이 걸리지 않는다. 환자는 몸의 신호를 갈수록 더 쉽게 이해하게 된다. 몸이 수수께끼 같은 증상으로 말하는 일은 더 이상 발생하지 않는다. 그렇게 되면 환자는 심리요법 전문가가 그 자신과 환자를 (때로는 고의가 아니지만) 속였다는 것을 깨닫게 될 것이다. 왜냐하면 용서는 상처의 완전한 치료는 말할 것도 없고, 상처가 아물어 흉터가 생기는 것조차도 방해하기 때문이다. 용서는 반복충동을 절대 해소할 수 없다. 이는 누구나 직접 확인할 수 있을 것이다.

나는 이 책에서, 이른바 사람들이 옳다고 여기는 몇몇 관점들이 이미 오래전에 과학에 의해 시대에 뒤떨어진 것으로 판명되었다는 것을 보여주려고 노력했다. 예를 들어 용서가 치료에 효과가 있고,

계명은 진정한 사랑을 낳을 수 있으며, 감정을 기만하는 것과 정직함에 대한 요구는 서로 일치한다는 확신도 거기에 속한다. 내가 그와 같이 잘못된 생각들을 비판한다고 해서, 오늘날 많은 선동적인 '악의 변호사'들이 과시하는 것처럼, 아무런 도덕적 가치도 인정하지 않거나 도덕 전체를 거부하는 것은 아니다.[38]

나는 그와 정반대이다. 나는 자신에게 정직하고, 자신을 의식하고, 자신에게 책임을 지고, 자신에게 충실한 것과 같은 일정한 가치들을 매우 중요하게 여긴다. 그렇기 때문에 나로서는 내가 보기에 분명하고 경험적으로 입증할 수 있는 현실을 부정하기가 어려운 것이다.

어린 시절에 겪은 고통에서 도피하는 현상은 종교적인 복종뿐만 아니라, 냉소주의, 역설 그리고 특히 철학이나 문학으로 위장되는 다른 여러 형태의 자기소외 속에서 관찰된다. 그러나 몸은 언젠가 반란을 일으킨다. 마약, 담배, 약물의 도움을 빌려 일시적으로 스스로를 진정시키는 경우에도, 일반적으로 몸은 최후의 수단을 지니고 있다. 몸은 오성보다 훨씬 빠른 속도로 자기기만을 간파한다. 오성에게 위장된 자아기능을 하도록 가르쳤을 경우에는 특히 더 그렇다. 사람들은 몸의 메시지를 무시하거나 경멸할지도 모른다. 그러나 어찌 되었든 몸의 반란에 대해 주의하는 것은 가치 있는 일이다. 몸의 언어는 참된 자아와 생명의 힘의 진정한 표현이기 때문이다.

---

[38] Alexander Smoltczyk: *Saddams Verteidiger. Tyranosaurus Lex*. 2003년 12월 18일자 《슈피겔》 기사.

참고문헌

Anonym: "Lass mich die Nacht überleben", in: Der Spiegel, Nr. 28, 7. 7. 2003.

Becker, Jurek: *Ende des Größenwahns. Aufsätze, Vorträge*, Frankfurt a. M. : Suhrkamp 1996.

Bonnefoy, Yves: *Rimbaud.* Mit Selbstzeugnissen und Bilddokumenten. Aus dem Französischen übertragen von J.-M. Zemb, Reinbek bei Hamburg: Rowohlt Taschenbuch Verlag ⁷1999[1962].

Burschell, Friedrich: *Friedrich Schiller in Selbstzeugnissen und Bilddokumenten*, Reinbek bei Hamburg: Rowohlt Taschenbuch Verlag 1958.

Čechov, Anton P.: *Briefe*. Herausgegeben und übersetzt von Peter Urban, Zürich: Diogenes Verlag 1979.

Damasio, Antonio R.: "Auch Schnecken haben Emotionen". Spiegel-Gespräch, in: Der Spiegel, Nr. 49, 1. 12. 2003.

DeSalvo, Louise: *Virginia Woolf—Die Auswirkungen sexuellen Mißbrauchs auf ihr Leben und Werk*, München: Verlag Antje Kunstmann 1990.

James, Oliver: *They F*** You Up*, London: Bloomsbury 2002.

Joyce, James: *Briefe*. Ausgewählt aus der dreibändigen, von Richard Ellmann edierten Ausgabe von Rudolf Hartung. Deutsch von Kurt Heinrich Hansen. Frankfurt a. M.: Suhrkamp 1975.

Kertész, Imre: *Roman eines Schicksalslosen*, Reinbek bei Hamburg: Rowohlt Taschenbuch Verlag [8]2002[1998].

Lavrin, Janko: *Dostojewskij*. Mit Selbstzeugnissen und Bilddokumenten. Aus dem Englischen übertragen von Rolf-Dietrich Keil, Reinbek bei Hamburg: Rowohlt Taschenbuch Verlag [26]2001[1963].

Mauriac, Claude: *Marcel Proust*. Mit Selbstzeugnissen und Bilddokumenten. Aus dem Französischen übertragen von Eva Rechel-Mertens, Reinbek bei Hamburg: Rowohlt Taschenbuch Verlag [17]2002[1958].

Meyer, Kristina: *Das doppelte Geheimnis. Weg einer Heilung—Analyse und Therapie eines sexuellen Miβbrauchs*. Freiburg im Breisgau/Basel/Wien: Herder 1994.

Miller, Alice: *Am Anfang war Erziehung*, Frankfurt a. M.: Suhrkamp 1980.

Miller, Alice: *Das Drama des begabten Kindes und die Suche nach dem wahren Selbst. Eine Um- und Fortschreibung*, Frankfurt a. M.: Suhrkamp 1997.

Miller, Alice: *Wege des Lebens. Sieben Geschichten*, Frankfurt a. M.: Suhrkamp 1998a.

Miller, Alice: *Du sollst nicht merken. Variationen über das Paradies-Thema*, Frankfurt a. M.: Suhrkamp, rev. Aufl. 1998b.

Miller, Alice: *Evas Erwachen. Über die Auflösung emotionaler Blindheit,*

Frankfurt a. M.: Suhrkamp 2001.

Miller, Alice: *Abbruch der Schweigemauer*, Frankfurt a. M.: Suhrkamp 2003[Hamburg: Hoffmann und Campe 1990].

Miller, Alice: "Mitleid mit dem Vater. Über Saddam Hussein", in: Spiegel online, 12. 1. 2004.

Miller, Judith/Mylroie, Laurie: *Saddam Hussein and the Crisis in the Gulf*, New York: Times Books 1990.

Mishima, Yukio: *Geständnis einer Maske*. Roman. Aus dem Amerikanischen von Helmut Hilzheimer, Reinbek bei Hamburg: Rowohlt Taschenbuch Verlag 2002[1964].

Proust, Marcel: *Briefwechsel mit der Mutter*. Ausgewählt und übersetzt von Helga Rieger. Mit einem Nachwort und Anmerkungen von Philip Kolb, Frankfurt a. M.: Suhrkamp 1970.

Proust, Marcel: *Jean Santeuil*. Aus dem Französischen übersetzt von Eva Rechel-Mertens; revidiert und ergänzt von Luzius Keller, Frankfurt a. M.: Suhrkamp 1992.

옮긴이 | 신홍민

한국외국어대학교 독일어과를 졸업하고, 동대학원에서 독문학 박사 학위를 받았다. 한국외국어대학교, 서울시립대학교, 성신여자대학교에서 독일 문학을 강의했다. 현재 덕성여자대학교, 대진대학교 겸임교수로 독일 문학과 동화를 강의하고 있으며, 전문번역가로 활동 중이다. 옮긴 책으로는 《사랑의 매는 없다》《처음 그 설렘으로 아이들을 만나고 싶다》《부모와 아이 사이》《교사와 학생 사이》《부모와 십대 사이》《형제》《변증법의 역사》들이 있고, 어린이 문학 작품으로《평화는 어디서 오는가》이외에 다수가 있다.

폭력의 기억, 사랑을 잃어버린 사람들

1판 1쇄 | 2006년 8월 30일   1판 6쇄 | 2020년 4월 15일

글쓴이 | 앨리스 밀러   옮긴이 | 신홍민
펴낸이 | 조재은   편집부 | 김명옥 육수정
영업관리부 | 조희정 정영주

펴낸곳 | (주)양철북출판사
등록 | 2001년 11월 21일 제25100-2002-380호
주소 | 서울시 마포구 양화로8길 17-9
전화 | 02-335-6407   팩스 | 0505-335-6408
전자우편 | tindrum@tindrum.co.kr
ISBN | 978-89-90220-58-5 03180   값 | 13,000원

잘못된 책은 바꾸어 드립니다.